अनुराग से वैराग्य तक

श्रीनाथ गुप्त

संकलन एवं संपादन डॉ रक्षा गुप्ता

ISBN 979-8-89556-642-8

समर्पण

स्व० श्री बाबू लाल गुप्ता
सेवानिवृत्त पुलिस अधिकारी

मेरे परम आदरणीय मामा श्री स्व० बाबूलाल गुप्ता जी जिन्होने बचपन से ही मुझे अध्यात्म की ओर मोड़ने का प्रयास किया, अवरोध और कंटक होना जीवन के स्वाभाविक लक्षण है लेकिन इनसे पार कैसे पाया जाता है मैने यह आप से ही सीखा। जिनकी प्रेरणा सदैव मेरा मार्ग प्रशस्त करती रही।

संपादकीय

नमस्कार,

कविताएं भावनाओं की चरम अभिव्यक्ति होती है, निश्चित रूप से जब एक लेखक कलम उठाता है तो अनायास ही उसके मानस पटल पर कितने भाव डूबते उतरते है उसके मस्तिष्क ने कितने सूक्ष्म और वृहद भावों और तथ्यों पर चिंतन मनन किया होगा यह साधारण जनों के समझ के परे है जो बातें सामान्य जन के लिए अस्तित्वहीन होती है वह बातें भी कवि मन पर गहरा और अमिट प्रभाव छोड़ती हैं और यह सब मैंने बहुत समीपता से अपने पिता जी की लेखनी और उनके व्यक्तित्व से अनुभव किया। जैसा कि आपको विदित है कि वर्ष 2018 में उनकी प्रथम पुस्तक मन के मनके का प्रकाशन हुआ तब से निरंतर उनकी लेखनी चलती रही मैंने सोचा था कि बहुत जल्द ही दूसरी पुस्तक का

कार्य भी पूर्ण हो जाएगा किंतु ऐसा हो ना सका कालचक्र का पहिया ऐसा घूमा की मानो एक तूफान आया और अपने साथ सब कुछ समेट ले गया 24 नवंबर 2019 को मेरी माता जी संसार से विदा हो गईं सब कुछ होते हुए भी पिताजी एकदम अकेले हो गए.... यह कहना कि हम सब लोग हैं उनके साथ बेमानी सा लगता है क्योंकि जीवनसाथी की कमी सारे रिश्ते मिलकर भी पूरी नहीं कर सकते यद्यपि पिताजी की आध्यात्मिक प्रवृत्ति और उनकी लेखनी उन्हें कभी अकेला नहीं छोड़ते और उन्हें स्वयं को अकेला कहलाया जाना भी नापसंद है, हम सब इस दुख से पूरी तरह उबर भी नहीं पाए थे कि मेरे ससुर एवं मामा जी सहित परिवार के कई लोग कोरोना काल में ब्रह्मलीन हो गए अतएव मन पीड़ा युक्त रहा और कोई नवीन कार्य करने की सुध बुध ही नहीं रही किंतु समय बड़ा बलवान होता है बड़े-बड़े घावों पर बड़ी सहजता से मरहम लगा देता है और इसका ही यह परिणाम है कि यह पुस्तक 'अनुराग से वैराग्य तक' आपके सामने है।

हमेशा की तरह उनकी कोई महत्वकांक्षा या इच्छा नहीं थी कि उनकी रचनाये पुस्तक का आकार ले या प्रकाशित हो किन्तु मैं जब कभी उनसे मिलती और वह पूरे मनोयोग से मुझसे कहते कि 'बैठो तुमको कुछ सुनायें जो मैने लिखा है' और जब मैं उन भावों को जो कविताओं के माध्यम से करीने से संजो दिये गये ये सुनती तो पहली इच्छा यही होती कि इसे और लोगो को भी सुनाया जाये तभी मैने इन कविताओं को संकलित किया और आपके समक्ष प्रस्तुत करने का निर्णय लिया जिसमें आप भी 'माँ की वेदना' का 'प्रकृति के एकत्व भाव', 'जिन्दगी की कहानी का', 'सात आठ छै अंको के खेल' का अनुभव कर सके इतना ही नहीं आप उस प्रेम के भाव का रसास्वादन भी करें जो पिताजी ने मेरी माँ की याद में लिखा जिसमें विरह वेदना भी है, पुराने समय की स्मृतियाँ भी है और वह कल्पना भी है जिसमें वह

कह रहे है यदि तुम्हारी जगह मैं संसार को छोड़कर चला गया होता तो तुम कैसे रहती जिसे क्रमशः 'कर रहा प्रतीक्षा आओगी', 'मेरी अन्तिम नींद पर', 'तुम बिन मौसम पतझर बैठे' और 'कैसे सहती पीर प्रिय' के माध्यम से समीपता से महसूस किया जा सकता है। उनके साथ बीते पलों को स्मृतियों में इतने करीब से सहेजा गया है कि कहीं-कहीं सहज ही आंखे नम हो जाती है।

कुल मिलाकर यह काव्य संग्रह कई रंग खुद में समेटे हुये है जिसमे प्रकृति प्रेम, अध्यात्म, व्यंग्य, समाज, स्मृतियाँ कल्पनाये सभी कुछ आपको मिलेगा।

यह संग्रह डिजिटल समय को देखते हुये लेखक और पाठकों के Digital Platform Kindle, Cobo पर भी आपको उपलब्ध होगा, साथ ही Amazon से मंगा कर भी इस पुस्तक को पढ़ा जा सकता है।

कोई भी कार्य चाहे छोटा हो अथवा बड़ा सहयोग की महती आवश्यकता होती है पुस्तक प्रकाशन में भी मेरी मित्र जो स्वयं भी कवित्री हैं डॉ रुचि दीक्षित का अपार सहयोग प्राप्त हुआ वही मेरी बहन श्रीमती क्षमता गुप्ता ने कविताओं के संकलन से लेकर अन्य सभी कार्यों में निरंतर सहयोग दिया यद्यपि पुस्तक कुछ विलंब से प्रकाशित हो सकी जबकि इसकी समस्त कविताएं 2022 तक लिखी जा चुकी थी इसका मुझे खेद है, मैं अपने पिताजी से भी इस हेतु क्षमा प्रार्थी हूं।

अंत में ईश्वर से यही प्रार्थना करती हूं कि आप सदा स्वस्थ रहें और आपकी लेखनी निरंतर इस गति से ही चलती रहे और ईश्वर आपको सुंदर शब्दों को मढ़ने और गढ़ने की कला से परिपूर्ण रखें, साथ ही मैं धन्यवाद देना चाहूंगी नोशन प्रेस पब्लिकेशन हाउस का जिन्होंने अत्यंत तीव्र गति से पुस्तक को प्रकाशित किया तथा निरंतर हर प्रकार से मुझे सहयोग प्रदान किया।

पुस्तक को आकार देने के इस पूरे प्रयास में यदि कहीं किसी प्रकार की त्रुटि अथवा कमी रह गयी हो तो मेरी अपरिपक्वता या अज्ञानता समझकर क्षमा करें।

आप सभी पाठकगण स्वस्थ रहें और प्रसन्न रहें इन्हीं शुभकामनाओं के साथ

डॉ रक्षा गुप्ता
सहायक आचार्य

डॉ. राकेश शुक्ल
पी-एच.डी.

एसोसिएट प्रोफेसर : वी.एस.एस.डी. कालेज, कानपुर–208 002
(हिन्दी विभाग)

'सांकृत्यायन'
117/254 'पी'–ब्लाक हितकारी नगर, काकादेव
कानपुर – 208 025. मो० : 9839970460

पत्रांक.....................   दिनांक 04/09/2024

अभिमत

कविता मनुष्य की आंतरिक चेतना और भावों के स्पंदन से प्रकट होती है, जिसकी अनुभूति और अर्थ की प्रतीति दीर्घकालिक होती है।

श्री श्रीनाथ गुप्ता जी की कविता-कृति 'अनुराग से वैराग्य तक' का अवगाहन करते हुए यह निष्कर्ष निकलता है कि उनकी कविताएँ दीर्घकालिक अनुभूति और चिंतन का परिणाम हैं। आपकी कविताओं में प्रेम और प्रकृति की सुंदर अभिव्यंजनाएँ हैं। वस्तुतः प्रकृति और प्रेम के बिना एक सुंदर और सार्थक दुनिया की कल्पना नहीं कि जा सकती है। 'धूप' कविता के दृश्य बिम्ब मोहते है, तो 'कर रहा प्रतीक्षा आओगी' में सूफ़ियाना प्रेम के दर्शन होते हैं। 'व्यथित हृदय' कविता वियोग की सरगम है, जिसमे डूबकर आत्मा और अधिक उज्ज्वल और पवित्र हो जाती है। "प्रेम योग की इतिश्री देखो / अब वियोग का क्रंदन होगा।"

कुछ कविताएँ सामाजिक सरोकारों की दृष्टि से महत्वपूर्ण हैं; तो कुछ में एक प्रकार का दार्शनिक बोध भी है। 'मुक्ति का सोपान' तथा

'एकत्व भाव' आदि ऐसी ही कविताएँ हैं, जिनमे जड़-चेतन के अभेदता की बात कही गई है।

शिल्प और कलात्मक सौंदर्य की एक सीमा के बावजूद ये कविताएँ पाठकों के अंतःकरण को आलोड़ित करेंगी ऐसा विश्वास है।

प्रो० राकेश शुक्ल

स्नेहाशीष

प्रिय बेटी रक्षा,

खुश रहो

मेरे परम स्नेही साथी प्रिय श्री श्रीनाथ गुप्ता की प्रकाशित होने वाली पुस्तक 'अनुराग से वैराग्य तक' की पाण्डुलिपि आज चि० जामाता श्री संजय गुप्ता से प्राप्त हुई। श्रीनाथ जी की पूर्व प्रकाशित कृति 'मन के मनके' मैंने एक सामान्य पाठक के रुप में पढ़ी थी और 'अनुराग से वैराग्य तक' को भी बिना किसी प्रकार के मन पर दबाव के पढ़ा। मजबूत पेड़ जब कभी टूटकर (उखड़कर नहीं) गिरता है तो एक चीत्कार सा मचता है। प्रस्तुत कृति के पाठ और अन्तर्पाठ से कैसी ध्वनि निकलेगी, मैं इतनी जल्दी में निर्णय नहीं ले सकता। हाँ- सूची पढ़कर जो संकेत मिलते हैं, वे उस साथी के नहीं है जिसके साथ मैंने कई वर्ष भारतीय रिजर्व बैंक में काम किया था। जीवंतता गजब थी। कार्य के प्रति उत्साह मुझे कई तरह से प्रेरणा देता था। साफ बात बिना संकोच, बिना किसी आग्रह / दुराग्रह के करना। सहयोग के लिए हमेशा तत्पर रहना। मैंने यही सब उनमें पाया और कुछ सीख भी सका। ऊँचाई पर जाकर उन्होने जीवन दर्पण में अपने अक्स देखे और किस दिशा में 'जीवन दर्शन' का प्रतिपादन किया है, मैं सरलीकृत ढंग से नहीं कह सकता।

रचनाओं के शीर्षक उनमें एक अध्यात्मिक बदलाव संकेतिक करती हैं। कभी अवसर मिलो तो पढ़कर ही कुछ लिख पाऊँगी। ऐसे

मैं न कृति के साथ और न ही कृतिकार के साथ न्याय कर पाऊंगा। सभी रचनाकारों को स्वयं एक रचना के दर्द और खुशी से गुजरना पड़ता है। दोनो अद्‌त होते है। उसको अनुभव का हिस्सा बना पाना सहज नहीं होता, वह भी ऐसी कृति काजो जीवन के इस पड़ाव पर लिखी गयी हो।

मेरी हार्दिक शुभकामनाएँ इस प्रत्याशा के साथ कि निश्चित रुप से कृति अपने पाठकों को सन्मार्ग दिखायेगी।

श्याम सुन्दर निगम

दो शब्द

कबीर कहते है-

"हम हैं इश्क भक्ताना, हमन को होशियारी क्या।

हमें आजाद............., हमन दुनिया से....... क्या।।"

ऐसी भक्ती और फक्कड़पन निरुसन्देह मस्तिष्क को बेफिक्र

बना देता है, और दुनिया से भयभीत न होने की शक्ति

प्रदान करता है। वे फिर कहते है-

"नैना अन्तर आ तूं, ज्योंहि नैन.......।

ना मैं देखों और कू, ना तुझे देखन देऊं।।"

यह संत का अपनपे प्रियतम के प्रति अटूट विश्वास और प्रेम है।

संत रविदास कहते है-

"प्रभुजी, तुम चन्दन हम पानी।

जाकी व्यंग व्यंग वास समानी।।

प्रभुजी, तुम धन हम वन मोरा।

जैसे चितवन चंद चकोरा।।

प्रभुजी, तुम दीपक हम बाती।

जाकि जोति जरे दिन राती।।

यह आत्म समर्पण की भावना कितनी कोमल और उत्कृष्ट है।
यह प्रेम की अनन्त सीमा है। अंतों का प्रेम उद्भ्रांत है।
सहजोबाई कहती हैं-

प्रेम दिवानों जो भये, नेम धरम गयो खोय।

सहजो नरनारी हँसे, वा मन आनन्द होय।

गोस्वामी तुलसी ने मूर्ति से कहा-

कहां कहौ छवि आपकी, भले बने हो नाथ।

तुलसी मस्तक जब झुके, धनुष वाण लो हाथ।।

कहा जाता है कि देखते देखते मूर्ति ने धनुष बाण धारण कर लिया।
यह है भक्त का अटूट प्रेम।

भारतीय धर्माचार्यों ने लोक कल्याण के लिए धर्म के माध्यम से अनेक मार्ग दिखाएं। धर्म क्या है ? इस विषय पर उन्होंने विवेकपूर्ण विचार प्रकट किये हैं। स्मृति ग्रन्थों में धर्मः। सांसारिक हानिलाभ के साथ उन्होंने पारलौकिक हानि लाभ कर विचार किया है। मनुष्य के दैनिक कार्यों से लेकर समस्त भावनात्मक, कामनात्मकक एवं वासनात्मक कार्यो का सम्बन्ध धर्म से है। धर्म मनुष्यता का बुनियाद है। धर्म की भारतीय अवधारणा में दुख और दुःख को मनोवृत्ति का विकार बताया गया है। शान्ति को सुख का आधार पर बताया गया है। शान्ति क्या है ? विकारों से रहित हो अपने आप में तन्मय रहना। न प्रशंसा से

प्रफुल्लित होना और न अप्रतिष्ठा से विचलित होना, सदा एकरस रहना, यही शान्ति है। शांति अक्षय सुख है।

श्रीनाथ गुप्त की कृविताओं का यह संग्रह, प्रकृति के नियमों से संचालित जीवन में कर्म और आस्था के साथ संयोग-वियोग का मिश्रित भाव पैदा करता है। उनकी रचनाओं में भारत की संत परम्परा की अटूट श्रृंखला दिखाई देती है।

अक्षयतृतीया/परशुरामजयन्ती

दिनांकः- 03 मई, 2022

स्थान- बुन्देलखण्ड

डा० (श्रीमती) अचला पाण्डेय

सहआचार्य-हिन्दी

बुन्देलखण्ड विश्वविद्यालय

झांसी, उत्तर प्रदेश

डॉ० रचना त्रिवेदी
पुत्री
श्री चन्द्र किशोर त्रिवेदी

विभागाध्यक्षा
शिक्षाशास्त्र विभाग
कार्यकम अधिकारी
राष्ट्रीय सेवा योजना डी.एस.एन. पी.जी
कालेज, उन्नाव, उ0प्र0
सम्पर्क सूत्र – 9935628831

Ref........................

Date........................ 05.08.2024

शुभकामना संदेश

आदरणीय स्नेह के सागर

सादर नमन, आपसे सदैव आर्शीवाद की कॉमना करती हूँ। मेरी अभिन्न मित्र डॉ० रक्षा गुप्ता ने मुझे आपके द्वारा रचित कुछ भावनात्मक अभिव्यक्तियों पढ़ने को दी। आपके द्वारा लिखित लाइनें मात्र काव्य रचना ही नहीं संवेदनाओं, और आत्मीयता से ओत-प्रोत सागर है। इनमें मिलन/विरह/सुख/दुख/स्नेह का संगम है।

यूँ तो सभी रचनायें हृदयस्पर्शी हैं किन्तु "कर रहा प्रतीक्षा आओगी" ने मुझे भाव विभोर कर दिया। आपकी कविता ने दाम्पत्य जीवन के अदृश्य बंधन को दृश्य कराते हुये भावनाओं, संवेदनाओं एवम् स्नेह को शब्दों रूपी माला में पिरोया है एवम् यह सिद्ध किया कि यह बंधन जन्म जन्मान्तर का होता है। मेर

शब्दकोष में वह शब्द ही नहीं है जिनसे मैं प्रशंसा की दो लाइने भी लिख सॅकू।

आपका स्नेह पूर्ण आर्शीवाद ही मेरा सौभाग्य होगा।

काव्य संग्रह की अशेष शुभकॉमनायें

डॉ रचना त्रिवेदी

आदरणीय स्नेहिल पितातुल्य अंकल जी

अनुराग से वैराग तक.... यह पुस्तक मात्र एक कविता संग्रह नहीं है यह भावों की वह श्रृंखला है जो कभी क्रोध में कभी प्रेम में कभी विरह बेदना मैं चुने गए फूलों से निर्मित की गई है इसमें जीवन के विभिन्न रंगों को भावो के माध्यम से प्रस्तुत किया गया है जो एक ही समय में आपके अंदर कभी आनंद कभी प्रेम कभी क्रोध कभी विरह वेदना की अग्नि प्रज्वलित करने में सक्षम है।

पुस्तक में शब्दों का चयन भावों के माध्यम से देखते ही बनता है।

मैं ईश्वर से यह प्रार्थना करूंगी कि वे चिरंजीवी हो दीर्घायु हो और अपने तर्कस से ऐसे ही कमान निकलते रहे जो हमें भावो के माध्यम से हृदय की गहराइयों तक पहुंचने की क्षमता दे, प्रस्तुत है उनके लिये मेरे कुछ शब्द।

"अंकल जी"

मनके बचे हे मनको को,

    हृदय सहेज धरे अंकल जी।

वैरागी मन उठा बवंडर,

    बिखर बिखर संवरे अंकल जी।।

अनगिनत व्यथा कथा के मोती

    कहीं सम्मानित कही अपमानित।

माँ "उर्मी" आपका अश्रु है,

    "स्मृति कुंज" गढ़े अंकल जी।।

हर रचना आपका अश्रु है,

    या अविरल प्रेम पराकाष्ठा।

ईश करे दीर्घायु आपको

    स्नेहिल पिता तुल्य अंकल जी।।

डॉ० रुचि दीक्षित

सहायक आचार्य (समाज शास्त्र विभाग)

अकबरपुर महाविद्यालय, अकबरपुर, कानपुर देहात

लेखक की कलम से- मन की बात

अन्तस में भरी भावनाएं ही काव्य का रुप ले लेती है, जब तक शब्दों के रुप में बाहर नहीं होती है, एक वजन सा धरा महसूस होता है हृदय पर। कविता भावनाओं की अभिव्यक्ति का एक सशक्त माध्यम है। जब मेरी भावनाएँ काव्य रुप में बाहर हो जाती है तो एक अकल्पनीय शान्ति का अनुभव होता है ऐसा

प्रतीत होता है कि एक बोझ था जो उतर गया। विश्राम लेने के लिए सहज और सरल हो जाता हूँ। शायद यहीं से सुखद निद्रा का आगमन होता है और तत्पश्चात् फिर से तरोताजा हो जाता हूँ। यह आवश्यक नहीं है कि मेरी सभा रचनाएँ पाठक के मन पर छाप छोडे क्योंकि इसके लिये वैसी ही मनःस्थिति होनी चाहिए।

मेरी कविता, मेरी रचना मेरी सुख प्रदाता है। मैनें अपनी अनुभूतियों को सहजता से व्यक्त करने का प्रयास किया है। रचनाएँ चर्चा में हो, ऐसा कभी सोचा भी नहीं था। कर्म मेरे अवश्य है, पर दीपक मेरी तनया ने प्रज्जवलित किया है, ऐसा स्वप्न में भी नहीं सोचा था कि यह पुस्तक का आकार लेगी। रचनाओं में घटित घटनाओं की गहरी अनुभूति है, मेरी अनुभूतियों की उपलब्धि है, सम्वेदनाओं की उपलब्धि है, भावनाओं की उपलब्धि है। अक्षरों को शब्दों में ढालने

का प्रयास मात्र है। क्रम में व्यवस्थित करने में त्रुटि की संभावनाएँ हैं, फिर भी जो कुछ दृष्टिगोचर हो रहा है, प्रभु की कृपा है, कर्म से अधिक परमात्मा की दयालुता है।

कृतिकार

श्रीनाथ गुप्त

स्तुति

वाणी को धार दे

लेखनी को तार दे

माँ सरस्वती को नमन

विघ्न हर विनायक को

पूर्ण काम सहायक को

करता नमन,

गिरिजा शंकर गुरु को प्रणाम

सीता राम, सीताराम, राम-राम-राम

माता-पिता को प्रणाम

मति दे-बल दे

दुबिधाओं को हर ले

भक्त शिरोमणि हनुमान

दीन का- दास सा

राम-राम-राम

विषयसूची

जीवन दर्पण

स्मृति शेष

जीवन दर्पण

माँ तूने बड़ी वेदना झेला

तेरे अन्तस में पैठा, तेरी गोदी में खेला।
मेरी खातिर माँ तूने बड़ी वेदना झेला।।

मैं ईश्वर को नहीं जानता,
न मैने उसको देखा है।
सत्य एक तू ही है माँ,
सब कुछ एक भुलेखा है।।

मन में रची बसी है तू, पाता नहीं अकेला।
मेरी खातिर माँ तूने बड़ी वेदना झेला।

आर्द्र बिछौने में रक्खा,
सूखे मुझे सुलाया।
धूप छाँव सब स्वयं झेलती
कर के कायातरु की छाया।।

सानिध्य तेरा पाकर हरदम, लगता बड़ा सुहेला।
मेरी खातिर माँ तूने बड़ी वेदना झेला।।

तेरा प्यार अनूठा है,
बाकी सब कुछ झूठा है।
नव माह रहा जो तेरी कोख में,
जहाँ की खुशियाँ लूटा है।।

आशीष रहा हर क्षण तेरा, कितना रहा झमेला।
मेरी खातिर माँ तूने बड़ी वेदना झेला।।

बसंत ऋतु की महत्ता

अबीर लगाकर स्वागत करते,

पीले वसना की परम्परा।

पीले व्यंजन को रचते हैं,

पीले पराग से फलित धरा।।

सृष्टिकाल में ब्रह्मा ने,

मानव की रचना की थी।

और कमन्डल के जल से,

सुंदरता की संरचना थी।।

जिसके हाथों में वीणा थी,

झंकार उठी तब वाणी थी।

जीव जगत को शब्द मिले,

मधुर तान तब तानी थी।।

विद्या की देवी सरस्वती,

वीणा के हाथो वाणी की सत्ता।

वीणावादिनी की करते पूजा,

गंगा स्नान की बड़ी महत्ता।।

मूहूर्त नहीं ढूँढा करते,
बसंत तेरा जब आगत हो।
शुभकर्म करो प्रारम्भ तभी,
ऋतुराज तुम्हारा स्वागत हो।।

श्रृंगार प्रसाधन करे चढावा,
तुलसी की पूजा करें सुहागिन।
आर्शीवाद बन लगे सिंदूर,
रहती कोई नहीं अभागिन।।

सूर्यचन्द्र और धराकाश,
सरिता सागर बगरो बसंत।
सब आतुर है खिलने को,
हिम शिखरो पर बगरो बसंत।।
कवियों ने अनुपम चित्रण कर,
ऋतुराज बना डाला है।
सौंदर्य बिखेरा रचना में,
पहनायी अदभुत माला है।।

संस्कृत हो तनया हिंदी हो,
सौंदर्य बिखेरा है बसंत का।
आदि, रीति व भक्तिकाल हो,
अद्त चित्रण है बसंत का।।

चिंतामणि भूषण और बिहारी,
स्थापित किया बसंत रुपको।
भव्यरुप है ये प्रकृति का,
जायसी ने भी सराहा स्वरुप को।।
अदभुत किया कामना ऐसी,
झरना प्रसाद की बसंत में।
तब हुए प्रभावित महाप्राण,
स्वयं अवतरित किया बसंत में।।

गीतिका और अनामिका में,
आह्वान किया नवोत्कर्ष में।
कानपुर की पाती के नीरज ने,
मनमोहक रजनी बासंती स्वरुप में।।
संस्कृत साहित्य में कवियों ने,
अदभुत छटा बिखेरी है।
अभिज्ञान शाकुन्तलम्, ऋतुसंहार में,
बजती बांसती रणभेरी है।।

बसंत विलास हो शिशुपाल बधम
रत्नावली हो या चन्द्रकला नाटिका।
सौंदर्य समाहित ऋतुराजा का,
कुसुमों से फलित बसंत वाटिका।।

नव अंकुर स्मृति कराती,
नूतन युग बसंत क्षणों की।
अदभुत छटा निराली होती,
पीले पीले पराग कणों की।।
दिगदिंगत आनन्दित होते,
विकसित मेधा प्रज्ञा अनंत।
आन्तरिक चेतना जागृत होती,
अवनी पर छाता जब बसंत।।

सुसुप्त विभूतियाँ करवट लेती,
सुख का होता है, सृजन।
उदार प्रेम की उठें हिलोरे,
ऋतु बसंत भी करे भजन।।
हे वीणा वादिनि सरस्वती,
अमृत शब्दों से मन भर दे !
पावन ऋतु की ज्योत्सना में,
परहित सेवा का बर दे।।

जीवन का यथार्थ

इस धरा पर जो धरा है सब धरा रह जाएगा।

तिनका तिनका खूब समेटा सब पड़ा रह जाएगा।।

मेरा तेरा के फेरा में,

जीवन कितना बीत गया।

अमर आत्मा को न जाना,

तन से कितना रीझ गया।।

माया में फँसकर सब कुछ यहीं धरा रह जाएगा।

इस धरा पर जो धरा है सब धरा रह जाएगा।।

कल कल के फेरे में,

कार्य नहीं हो पाया पूरा।

अंतिम सासं रही अब तन में

बाकी सब कुछ रहा अधूरा।।

विलग हुए सब, बस कर्म खड़ा रह जाएगा।

इस धरा पर जो धरा है सब धरा रह जाएगा।।

अवतरित हुआ धरा पर,
बड़े भाग्य से तन अपना।
आविर्भाव हुआ है मेरा,
पूरा हो ऋषियों का सपना।।

जीवन के यथार्त स्वरुप का गीता ज्ञान कराएगा।
इस धरा पर जो धरा है सब धरा रह जाएगा।।

पथ से विचलित मत होना

पथ से विचलित मत होना।
मुश्किल में मत आपा खोना।।
सामर्थ्य असीम समाया
अपार शक्ति है पाया
मत समझो सामान्य स्वयं को
पायी है अदभुत काया

नियमबद्धता अन्तर्मन में बोना।
पथ से विचलित मत होना।।
नीर नयन के अपने
आह बयन के अपने
करवट बदले जब-जब
देख शयन के अपने

कष्टों के बीच सजग, मत रोना।
पथ से विचलित मत होना।।
सजग रहे जीवन
सरल बहे जीवन
रहो कपट से दूर
बहे रक्त संजीवन

मैल सभी जो हों मन के धोना।
पथ से विचलित मत होना।।
लोभ अमरता का हो
लोभ मोक्षता का हो
काम दाम का हो लालच
सोच विवशता का हो।

विराट शून्य में निर्भय हो खोना।
पथ से विचलित मत होना।।
परम शत्रु है लोभ
लोभ क्रोध का योग
भीतर मन खाली है
तब होता है क्षोम

लोभ से मैले तन को, धोना।
पथ से विचलित मत होना।

तुझको क्या करूं समर्पण

अमर पुत्र हूँ तेरा तुझको क्या करु समर्पण।

नहीं यहाँ है कुछ भी अपना तेरा तुझको अर्पण।।

अवनि और अम्बर है तेरा

पवन बहे जो नहीं है मेरा

पावक दहके जल जीवन दे

दिनकर से पैदा हुआ सबेरा

तेरी वस्तु तुझे ही हम करते हैं अर्पण।

अमर पुत्र हूँ तेरा तुझको क्या करु समर्पण।।

सावधान किया है कितना

मायाजाल फैला है इतना

मद के चलते नहीं है माना

मना किया है जब-जब जितना

हर पल पथ पर हमको प्रकृति दिखाता है दर्पण।

अमर पुत्र हूँ तेरा तुझको क्या करु समर्पण।।

हरित क्रांति का दोहन करते

और शिखर को करते चूर

पर्यावरण प्रदूषित करते

बन जाते कितने मगरुर

अहंकार मत पालो मन में कर दो उसका तर्पण।

अमर पुत्र हूँ तेरा तुझको क्या करु समर्पण।

तेरे बिन कुछ अस्तित्व नहीं

दिखता जो जितना, तत्व नहीं

सत्य वही जो निराकार है

तुझमें तेरा महत्व नहीं

भाव रहे निर्लिप्त जगत फँसाता आकर्षण।

अमर पुत्र हूँ तेरा तुझको क्या करु समर्पण।

बेटी का योगदान-शब्दों को जीवन

(पुस्तक 'मन के मनके' के विमोचन पर)

मेरी बिखरी रचनाओं को पुस्तक का आकार दिया।
जो दिवा स्वप्न थे जीवन के बिटिया ने साकार किया।।

शब्द उकेरे थे बचपन से जब मन चाहा लिख डाला।
व्यथा व्यक्त का माध्यम था जब जब फैली ज्वाला।।
मन नहीं गया प्रकाशन पर स्वयं सुखी था इस पथ पर,
शब्दों के भेषज से ही पचा लिया था मैने हाला।।

और सामाजिक मापदंड ने हमको कितना लाचार किया।
तभी घुमड़ते शब्द मेघ ने कविता का आकार लिया।।
मेरी बिखरी रचनाओं को पुस्तक का आकार दिया।
जो दिवा स्वप्न थे जीवन के बिटिया ने साकार किया।

नही चाह थी लिखकर कुछ भी खुद पर इतराने की।

बिखरे मोती सहेज लिया नही चाह बिखराने की।।

शाश्वत अनुभूतियाँ लिप्त हो रही स्वार्थपूर्ति के आगे,

प्रतिपल प्रतिक्षण घटित हो रहा नहीं चाह लहराने की।।

मृतप्राय सुसुप्त से शब्दों को जीवन दे आकार दिया।

जो केवल दिवा स्वप्न थे जीवन के बिटिया ने साकार किया।

अति सर्वत्र वर्जयेत्

अति होता जहाँ कहीं भी संतुलन नहीं हो पाता है।
ताना बना स्वर्णिम भविष्य का दिवा स्वप्न हो जाता है।।
सोच सही है विचार सही है,
पर धीर-धीरे बढ़ना है।
बन उतावले जीवन में यदि,
पार नहीं फिर लगना है।।

देख तरंगे सागर की मन प्रफुल्लित हो जाता है।
अति होता जहाँ कहीं भी संतुलन नहीं हो पाता है।।
बिकराल सुनामी बन जाती,
जब लहरे अति करती है।
क्षणिक समय में जल्दबाजी,
अति ही है जो मति हरती है।।

प्रत्येक नियम के अति से जनाक्रोश हो जाता है।
अति होता जहाँ कहीं भी संतुलन नहीं हो पाता है।।

भ्रष्ट व्यवस्था के समाप्ति का,
संकल्प तुम्हारा अच्छा है।
पर्यावरण स्वच्छता संरक्षण का,
विचार तुम्हारा सच्चा है।।

जन शक्ति को ध्यान में रखकर सब पूरा हो जाता है।
अति होता जहाँ कहीं भी संतुलन नहीं हो पाता है।।

जनादेश से मत मुड़ना सीखों,
जन जागृति से उड़ना सीखो।
कर चोरी की बात करो मत,
पहले कर से जुड़ना सीखो।।

जहाँ स्वार्थ की बात चले विपक्ष मिलन हो जाता है।
अति होता जहाँ कहीं भी संतुलन नहीं हो पाता है।।

जन साधारण का ध्यान नहीं,
तब पूरा होता विधान नहीं।
सम्भाव्य उतरने की सत्तासन से,
मद में होते, ज्ञान नहीं।।

समय के रहते न ये चेते, बंटाधार हो जाता है।
अति होता जहाँ कहीं भी संतुलन नहीं हो पाता है।।

सात आठ छै

सात आठ छै कृष्ण का खेल है।

बांसुरी के सप्त छिद्र

देवकी का आठवाँ पुत्र

और छै अंगुलियों का मेल है।

इन्हीं माध्यमों से

सृष्टि को मोह लिया

शेष सब बेमेल है।

सात आठ छै कृष्ण का खेल है।

सात पुरी और सात ग्रहों का

सात दिवस और सप्त तल।

एक राशि में हो जाए एकत्रित

सप्त धातुओं का शारीरिक बल।

सप्त ऋषि और सात स्वर।

सात फेरे और सात समन्दर।

नाड़ी चक्र होते है सात।

सात आठ और छै की बात।

सात सौ श्लोक की दुर्गा सप्तसती,

और सात सौ श्लोक की गीता है।

अष्ट गंध पूजन,

हवन में आठ द्रव्य परिणीता है।

आठ कमल मूलाधार से

ब्रह्मा के होते आठ हाथ।

आठ भुजा की दुर्गा साथ।

आठ मूर्तियाँ श्री कृष्ण की

योग क्रिया के आठ योग

आठ सिद्धियाँ, आठ औषधियाँ,

रहता नहीं कहीं वियोग।

सात चक्र कुण्डलिनी में

मानव के छै गुण साथ

छै कोष और छै हैं राग

छै स्वाद की होती बात

कर्मकाण्ड की छै अग्नि

जीवन का सत्य बताती।

सात आठ और छै के रहस्य

गूढ़ तत्वों को है समझाती।

जिन्दगी की कहानी

जिन्दगी की कहानी, दर्द से भरी

खूब हँसता रहा, दर्द सहता रहा।

बिना नीर के मीन तड़फ कर मरी है,

बाद में आसमा बरसता रहा।।

किससे कहूँ मैं व्यथा प्राण की,

बुझ बुझ जला, फिर धधकता रहा।

चिता चल चुकी राख बन चुकी है,

पर पवन के झकोरे से सुलगता रहा।।

जिन्दगी को कहानी दर्द से भरी,

खूब हँसता रहा दर्द सहता रहा।

कुसुम भी खिले फिर बिछें है जमीं पर

जो फरा है झरा है नियति का नियम है।

वो आता रहा और जाता रहा,

बेचैन हो हाथ को मसलता रहा।

जिन्दगी की कहानी दर्द से भरी,
खूब हँसता रहा, दर्द सहता रहा।।

व्यथा से मुक्ति का सिलसिला न रुका है
समझ ले परे है लेखा नियति का,
अकर्ता बना कार्य करता रहा,
मैं पकड़ता रहा वो झटकता रहा।

जिन्दगी की कहानी दर्द से भरी
खूब हसँता रहा, दर्द सहता रहा।।

विचारों में शब्द जो शून्य में तैरते हैं,
बनते है बिगड़ते है भावना में फैलते है।
धारा थी जहाँ पर सूखा है वहाँ पर
रो रो के सागर आँख मलता रहा।
जिन्दगी की कहानी दर्द से भरी
खूब हसंता रहा दर्द सहता रहा।।

एकत्व भाव

दुःख चाहे जैसा हो,

किसका भी हो,

परिभाषा होती एक।

आँसू कैसे भी हो,

किसके भी हो,

आंसू की भाषा होती एक।

जब दर्द देख कर, औरो का,

आँसू लगे निकलने।

तभी दीवारें ध्वस्त होंएगी,

पत्थर भी लगे पिघलने।

एकत्व भाव को लेकर मन में,

जग में दीप जलाए।

विश्व बंधुत्व के भावों को

बसुधा में खूब जगाएँ।

शंकाओ का खेल

शंकाओ का खेल खेलना, तुमको कितना आता है।
हद से ज्यादा जीवन जीना हमको नहीं सुहाता है।।
रीत गए है मन में अक्षर,
जो ऐसे शब्दों की रचना करते।
बेमतलब मन के घावो को,
त्याग समय से पीड़ा हरते।।

नही पता है नफरत करना कितना तुमको आता है।
शंकाओ का खेल खेलना, तुमको कितना आता है।।
हँसी खुशी के क्षण जीवन में,
नहीं वेदना हर सकते हैं।
प्रयत्न करु मैं चाहकर कितना,
नहीं संवेदन भर सकते हैं।।

सहज सरलता से मेरा कितना सच्चा नाता है।
शंकाओ का खेल खेलना, तुमको कितना आता है।।
चाह खत्म हुई इस आशा में,
भावों को कुछ समझा होता।
श्रद्धा की लड़िया बिखरी कितनी,
नहीं चाहकर खुशियाँ खोता।।

क्षण भंगुर जीवन में सोचा, क्या पाता क्या जाता है।

शंकाओ का खेल खेलना, तुमको कितना आता है।।

मानव जीवन दिया प्रभू ने

पर मानवता न अपनाया है।

स्वार्थपूर्ति के आगे सब कुछ

कर भर कर खूब लुटाया है।।

पर पीड़ा का अनल हृदय में कुछ भी नहीं दिखाता है।

शंकाओ का खेल खेलना, तुमको कितना आता है।।

ग्रीष्म वेदना

पवन चले पावक सा पंकज भी पीत हुआ।

झुरमुठ के झरोखे से झाँकता भयभीत हुआ।।

धैर्य धरा धर रही पात बिकल बेदना सह रही,

जड़ से उजड़ पात-पात पाषाण भी सभीत हुआ।।

पतझर का प्रयास गया पावस का परिहास गया।

जीव जन्तु जीर्ण जरा ज्वर का अभिशाप भया।।

वेदना बिकल हुई बाँचती बहाने क्या,

ग्रीष्म की गहराई गहन रुदन गान हो गया।।

मानवता तार तार वसन तन जार जार।

शर्मशार नहीं भार ग्रीष्म कहे बार बार।।

कानन में बीज बोए कंचन की कामना में,

कनक देख हेरते बिलखते है धार धार।।

बंधु, कष्टों से विचलित मत होना

एक मात्र रखो मत सुख की आशा।

यह होती है कायर की परिभाषा।।

है कलंक कायरता जीवन भरका,

तब आए मुसीबत हो जाए निराशा।।

नहीं भाग्य में सुख शत प्रतिशत होना।

जीवन है- धनाभाव भी होते हैं।

सामाजिक कष्ट आपसी दुराव भी होते हैं।।

सर्वथा मुक्त नहीं हो सकते कष्टों से,

तन क्लेश, कभी मन में तनाव भी होते हैं।।

शाश्वत नियमों के प्रति सहमत होना।

राजा हो रंक सभी पर दुख पड़ते हैं।

निर्बल हो बलवान सभी दुख सहते हैं।।

अपनी अपनी स्थिति में सब जीते हैं,

फंसते है मझधार सब बहते हैं।।

जन्म लिया तो देख मुसीबत मत रोना।

आत्म विश्वास से भय डरता है।

जब आगे बढ़ा कदम पीछे नहि हटता है।।

त्रुटि से सीखें, भूल सुधारे जन,

कायनात के कण-कण में वह बसता है।।

बिना लक्ष्य संधान, तुमको नहीं है सोना।

बंधु, कष्टों से बिचलित मत होना।।

वेदना धरती की

दिन अंगारे फेंक रहा है,
धरती तपकर तवा बनी है।
जीव जन्तु सब काँप रहे हैं
विकट समस्या हवा थमी है।

अवनि आश्रित अम्बर घन पर,
कब वियोग की इति श्री होगी।
लपट लपक कर लपट रही है,
अकथ वेदना कब कम होगी।

तन की देख दरारें धरती
उच्छ्वास कर भरती आहें।
घने वृक्ष बीहड़ बन रुठे,
रोते चिंघाड़ डाल गल बाहें।।

धरा चक्षु से बहते आसूँ
सरिता रीती बेहाल हुई।
पर वश कातर बेवस सी,
सिकुड़ी सिमटी छुई मुई।

घनघोर घटा की घटना
घटित होय तब घाव हटेगें।
मुदित मनोहर मन मयूर तब,
भूगर्म शून्य तक ताप छटेगें।।

ऐसा परम विश्वास है।

कैसी रही आस्था तेरी, यह कैसा विश्वास है।

कर्ता धर्ता इसको माना फिर भी डावाँ डोल।
कभी है काबा कभी है काशी सबका करता मोल।।
आशा तेरी चरण दाबती स्वार्थ तुम्हारा खास है।
कैसी रही आस्था तेरी, यह कैसा विश्वास है।।

पूजा पाठ अर्चना कितनी, यज्ञ हवन करवाए।
कितना लालच दिया है इसको, इससे हम भरमाए।।
गए ढूँढने गिरि शिखरों पर यह तो अपने पास है।
कैसी रही आस्था तेरी, यह कैसा विश्वास है।।

आशा बाँधी जिसने अपनी उसकी डेहरी धोया।
भले बुरे का भेद न समझा क्या पाया क्या खोया।।
जिसने माना उसको माना यही गले की फाँस है।
कैसी रही आस्था तेरी, यह कैसा विश्वास है।।

जिसने दिया है उसको देना यह कैसा खेल है।
रहे स्वार्थ में हरदम अंधे यह रिस्ता बेमेल है।
कभी अजान कभी शंखध्वनि तेरे कितने पास है।
कैसी रही आस्था तेरी, यह कैसा विश्वास है।।

डगडग डगमग मन तेरा, कभी इधर और कभी उधर।
ज्ञान हुआ तो रहा समाया नजरे तेरी गई जिधर।।
हर दर पर क्यो शीश झुकाऊँ, यह कैसा परिहास है।
कैसी रही आस्था तेरी, यह कैसा विश्वास है।।

जैसी किया है करनी हमने वैसी भरनी निश्चित है।
पर सेवा, सुमिरन की गाथा सत्संग से इसके परिचित हैं।।
भटकन सारी खत्म हुई सद् गुरु का सफल प्रयास है।
ऐसी रही आस्था मेरी, ऐसा परम विश्वास है।।

चाँद और बचपन

मम्मी चन्दामामा दूर के
अब न कहना भूल के
भारत होगा चाँद पर
पहुँच गया सब फाँदकर
    अब सारे गीत बदलेंगे
    सदियो पहले गाया था
    शब्दों में कितना झूठापन
    जब चाँद सा चेहरा भाया था

अब मुट्ठी में चाँद हमारे है
सारी परतें खो लेगे
झूठे शब्दों को अब
सही समय से तोड़ेगे
    गर्व हुआ जब हमने जाचाँ
    यह तो नहीं खिलौना था
    सबने हमको मूर्ख बनाया
    तब ज्ञान तुम्हारा बौना था

इतिहास बनाया भारत ने
जब चन्द्रभान 2 उतरेगा
सुनी कहानी बचपन की जो
पन्ने पन्ने मन कुतरेगा

       नारी जोड़ी की शक्ति ने
       उसमें नाम कमाया है
       क्षेत्र बचा न कोई अब
       अपना पैर जमाया है

कोई नहीं जो कर पाया
विश्व पटल पर भारत छाया
चाँद पर उतरेगा चन्द्रयान
इतिहास रचेगा हिन्दस्तान

       विक्रम और प्रज्ञान की जोड़ी
       भारत शिखर पर हो गया खड़ा
       विश्व गुरु बन गया आज
       जश्न मनेगा आज बड़ा

चाँद हमारी मुठ्ठी में अब

सूरज को बतला देगे

तुम सोए हम सजग रहे

भाषा विज्ञान जता देगें

सुबह का सूरज निकलेगा

मुठ्ठी में चाँद हमारे होगा

56 वर्षो का तप पूर्ण हुआ

सुख दुःख कितना भोगा होगा

कितना अच्छा हो।

तुम अविरल धवल धार बन जीवन को सिंचित करती हो।
शोणित सा पय पान कराते अन्तर में कितना धीरज धरती हो।।
सुखमय पीड़ा के वे अन्तरद्वंद, शब्दों में है सामर्थ्य कहाँ,
किलकारी को चंदन बंदन सा सुआस तब वृथा ताप मन हरती हो।।

फर्क नहीं नर हो या नारी बस भाव तुम्हारा सच्चा हो।
नारी अधिकारों का संघर्ष करे तो कितना अच्छा हो।।

अम्बर से ऊँचा मनबल हो जब कोख से बच्ची जनती हो।
सपना अपना साकार करे धरती सी धरती सी आग सुलगती हो।।
दृढ़ संकल्प की गरिमा से पूरित, न आवे आँच प्रतिष्ठा पर,
मत सहो उपेक्षा सामाजिक, एवं संस्कृतिक नैतिकता पलती हो।।

रक्षक ही भक्षक बन जाए जब चहुँ ओर बहुत अपेक्षा हो।
नारी अधिकारों का संघर्ष करे तो कितना अच्छा हो।।

उच्छृंखलता नहीं है सूचक उन्नति की, अपनी गरिमा पहिचानो।

उच्च विचारों से अभिसिंचित, शिक्षित हो मुखरित हो जग जानो।।

नहीं खड़ी है बुनियादी शिक्षा नैतिकता की आधार शिला पर,

है भविष्य भारत का स्वर्णिंग कंधो पर तेरे, मानो या न मानो।।

पाश्चात्य विचारों के कारण कैसे फिर अभिरक्षा हो।

नारी अधिकारों का संघर्ष करे तो कितना अच्छा हो।।

महाकवि नीरज-श्रद्धांजलि

धम गयी हवा आज और कारवाँ थम गया

हम बहार देखते रहे, बहार आज थम गया

जग के जिसने आँसू पोछा उद्गार हृदय में भरे भरे

जहाँ को पीर दे गया, जहाँ का खून जम गया

रो रहे सम्मान सारे कौन गरिमा दे सकेगा

स्वप्न सारे गीत के अब कौन पूरा कर सकेगा

कारवाँ गुजर गया न लौट कर वो आएगा

जो संजोया मान अबतक कौन महिमा से सकेगा

दामिनी सी बिखेर ज्योति दर किनार हो गया

रंग रंग के गीत सजा बागवाँ मे सो गया

पथ पर पग पग पर जिसने चलना सीखा

इधर उधर पकं बीज, पकंज हो, बो गया

कितने मँचो की कविता गरिमा का सम्मान हुआ

एक सुनहरे साहित्यिक गरिमा का अवसान हुआ

भावुकता से रहा है नाता अनगिनती यादें छोड़ गया

निधन से नीरज के कविता के एक युग का अवसान हुआ

अनहोनी को होनी में बदले ऐसा बलवान नहीं होगा

सदियों से सदियों तक पैदा ऐसा इंसान नहीं होगा

जिसके पीछे प्रकृति भी बौरायी दौड़ी आती

ऐसे रिक्त निधन स्थल का भरना आसान नहीं होगा

तब सावन झूमेगा

पर्यावरण सुरक्षित रखना

हरित क्रान्ति को रक्षित करना

धरती बंजर होती जाती

जल को है संरक्षित करना

      जब दामिनी दमके दम दम दम दम

      तब सावन झूमेगा

वर्षा का संगीत कहाँ है

झूला झूले मीत कहाँ है

मौसम अगंड़ाई लेना भूला

साजन की वह प्रीति कहाँ है

      बदरा बरसे झम झमा झम झम

      तब सावन झूमेगा

याद नहीं है त्योहारों की

मंगलकारी व्यवहारों की

सूना सूना वातायन है

उमंग नहीं है ज्योनारों की

विर्दिया चमके चम चमा चम चम

तब सावन झूमेगा

रुठ गया सावन में पावस

निचुड़ गया खुशियों का रस

धरती की चेतनता बेहाल हुई

सूखी काली रात अमावस

पायल बाजे छम छमा छम छम

तब सावन झूमेगा

काँवड़ यात्रा होती दुष्कर

बाग बगीचे सूखे पोखर

नृत्यन करते है मयूर अब

रुठ गया सावन यह सुनकर

जब झींगूर झंकारे झन झना झन झन

तब सावन झूमेगा

संगीत गया सुरताल गया

तीज गया त्योहार गया

पश्चिम की जीवन शैली से

प्रेयसि का मीठा मुनहार गया

जब शिव घंटा बाजे टन टना टन टन

तब सावन झूमेगा

व्यंग्य-चुनावी गरिमा

चुनावों का ध्रुवीकरण होना

जातीय समीकरणों की कठिन गणित

किसी भी टेढ़ी नाक का प्रश्न है

कहीं ऊँट से ऊँची नाक का प्रश्न है

कहीं चुनाव पुल्लिंग है

तो कहीं चुनाव स्त्रीलिंग है

दीदी हैं बहिनी है भौजी है अम्मा है

सबके चेहरे पर लगा नकली मुलम्मा है

किसी की जागीर है

बपौती है

झूठ का नकाब ओढ़

देती सत्य को चुनौती है

ध्यान से देखो-सुनो

यदि नेता नहीं हो तो होंठ को सिलो

प्रतीक्षा करो पाँच वर्ष की

कोई छोटा मोटा रोल मिल जाए

नाटक समाज को प्रभावित करता है

नाटक देश को प्रभावित करता है
नाटक बहुत रोचक होता है
विधायकों साँसदो का चुनाव
छोटी छोटी घटनाएँ प्रभावित करती है
कारण बन जाते है
उलट फेर फैसले के
जब मुखर हो उठता है
साम्प्रदायिक तनाव
इस चुनावी दंगल के पहलवान
चित पट करने के ललक में
सारी मर्यादाएँ भूल
नियम और कानून ताक पर धर कर
भूल जाते है कि उन्हें न्याय करना है
संविधान की आवश्यकता होगी
पर-संविधान की पुस्तक के पन्ने
नहीं खुल पा रहे हैं
मौसम की मार पड़ पड़ कर
कमजोर ओर मृतप्राय से दिखते हैं।
बहुत सहेज कर बाँचना है
इसी लिए सहेज कर संविधान
अलमारी में बंद है
क्यों की अब पुस्तक जरुरत नहीं है

संविधान मुट्ठी में बंद है

संविधान अब उनका गुलाम है

कभी गरीबों और किसानों में

दबदबा थी

नई पीढ़ी

वाम पंथियों को इतिहास के पृष्ठों पर ढूँढ़ती है

नेता है तो करोड़पति होंगे ही

गरीब नेता नहीं हो सकता

दुबला, पतला, कमजोर नेता नहीं हो सकता

उसके लिए प्रथम शैक्षिक अहर्ता

बाहुबली की डिग्री होनी चाहिए

बेपैंदी का लोटा होना चाहिए

लुढ़कने में महारत हासिल होना चाहिए

मारपीट कितनी भी हो जाए

गिरगिट का पर्याय होना चाहिए

अन्दर कुछ

बारह कुछ और होना चाहिए।

शब्दों का अपमान

हर विद्यालय में नैतिक शिक्षा लाना होगा

भाषा के प्रति हम सब को सद् व्यवहार बताना होगा

बोलचाल की भाषा में सुचिता का प्रयोग करें

भाषा के प्रति लोगों को संवेदनशील बनाना होगा।

मित्रों के मनोरंजन में नारी की वाचिक हिंसा होती है।

संक्रामक बीमारी है अपशब्दों की अपनी मर्यादा खोती है

पुलिस प्रशासन पढ़े लिखे बच्चे बूढ़े हो या जवान

सहजभाव में नारी सूचक अपशब्दों से हिंसा होती है

इन अपशब्दों का विरोध क्यों नहीं होता है

विकृत मानसिकता की बीमारी पर यह समाज क्यों सोता है

शिक्षण संस्थानों का अब नैतिकता का पाठ पढ़ाना होगा

वाचिक हिंसा पर क्षोम व्यक्त कर सबको आगे आना होगा

चरित्र राष्ट्र का कर रहे कलंकित हम हीं कांटे बोते हैं.

हम इन अशोभनीय शब्दों को सामान्य रुप से लेते हैं

राष्ट्र सुरक्षित कैसे होगा यदि नारी का सम्मान नहीं

देवों की वाणी परित्याग कर नारी की गरिमा खोते हैं

मानव तो मानव पशुओं की माँ बहनों को गाली देते हैं

निर्जीववस्तुओं पर भी नारी सूचक अपशब्दों को सेते है

क्यों माँ बहने ही अपशब्दों से लपटायी जाती हैं

स्त्री समाज के अपमानों को सब हल्के में क्यों लेते है

आपस में जब एक दूसरे प्यार की बातें करते हैं

स्त्री के प्रतिवाचिक अपमानों का सरल भाव से लेते है

यही वो प्रारम्भिक वाचिक हिंसा जब आगे बढ़ जाती है

हिंसा, हत्या बलात्कार करने को फिर उकसाती है

मुक्ति का सोपान

सतयुग, त्रेता, द्वापर बीत गया

कलयुग की हम बात करें

कलयुग केवल नाम आधारा

राम नाम का जाप करें

श्रेष्ठ मंत्र है राम नाम

मौन मुखर हो जाता जब

यात्रा अन्तर की सर्वश्रेष्ठ

विचार ध्वंस हो जाते तब

एकान्त ध्यान सत्य न छोड़ो

प्रेमयोग को अपनाना

प्रेमसेतु को रहो बनाते

ऋषि मुनियों से मर्म है जाना

मानस है सद्ग्रंथ ग्रंथ हमारा

पाठ परम रामायण गीता

निष्काम कर्म की बात समझ

दान क्षमा का जो अपनाता

उपलब्धि शांति की होती तब
क्रोध मोह संदेह विसर्जित
भय भागा भय से तेरे
विजय मृत्यु पर होती अर्जित

जन्म मरण के संकट से
मुक्ति का मौका मानव पाया
मिलन का मौका अच्छा है
अहोभाग्य मानव तन पाया

सारथी संचालक रथ का
यह अमर आत्मा होती है
गीता ज्ञान अभय अमरता का
यह जीव जगत की ज्योति है

प्रकृति का एकत्वभाव

इस प्रकृति के सब जड़ जंगम

वैभवशाली धरती अम्बर है

इस बीच समूची प्रकृति तिराली

कुछ भेद न ही सब सुन्दर है

तुममें मुझमें कुछ फर्क नहीं है

यह जनमों जनमों का नाता है

मैं अबोध परिपूर्ण गुणों से

पर सहज समझ नहि पाता है

पर दुख कातर कातर हुए नहीं जन

मानवता का पाठ नहीं है

तेरा मेरा कुछ फर्क न समझे

परदुख कोई दृश्य नहीं है

आह ओह के शब्द न काफी
कोरी सहानुभूति दानवता है
विचलित कर दे परदुख हमको
यह सहृदयता मानवता है।

निराकार साकार वही है

रुप अनेक हम पाते हैं

महिमा बहुविधि गाते है

अभिव्यक्ति चराचर में उसकी

सब आत्मज्ञान की बातें हैं

व्यक्त वही अव्यक्त वही

दोनो में ही रमता है

दृश्य वही अदृश्य वही

जग में उसकी क्षमता है

जीवन ज्योति उसी की झलके

विकल्प नहीं है कोई मनके

जीव जगत की सत्ता उससे

द्रव्यरुप आंसू बन छलके

शक्ति प्रवाहित सबमें उसकी
ब्रह्माण्ड उसी से पलता है
निराकार साकार वही है
कुछ भी नहीं भरमता है

कैसी रही आस्था तेरी यह कैसा विश्वास है

कर्त्ता धर्ता इसको माना फिर भी डावाँ डोल

कभी है काबा कभी है काशी सबका करता मोल

आशा तेरी चरण दाबती स्वार्थ तुम्हारा खास है।

कैसी रही आस्था..........

पूजा पाठ अर्चना कितनी यज्ञ हवन करवाया

कितना लालच दिया है इसको मन अपना भरमाया

गए ढूँढने गिरि शिखरों पर यह तो अपने पास है

कैसी रही आस्था..........

आशा बाँधी जिसने अपनी उसकी डेहरी धोया

भले बुरे का भेद न समझा क्या पाया क्या खोया

जिसे माना उसको माना यही गले की फाँस है

कैसी रही आस्था..........

जिसने दिया है उसको देना यह कैसा खेल है

रहे स्वार्थ में हरदय अंधे यह रिस्ता बेमेल है

कभी अंजान कभी चीखना न जाना कितने पास है

कैसी रही आस्था..........

डगमग डगमग तेरा मन कभी इधर-कभी उधर

ज्ञान हुआ तो रहा समाया नजरें तेरी गयी जिधर

दर दर पर क्यों शीश झुकाता, यह कैसा परिहास है

कैसी रही आस्था..........

ऐसी किया है करनी हमने वैसी भरनी निश्चित है

परहित सेवा सुमिरन इसकी सत्संग से इसके परिचित है

तब भटकन सारी खत्म हुई सद्गुरु का सफल प्रयास है

कैसी रही आस्था..........

सीख

रोग निवारण का दवा ही सोपान नहीं है
मृत्यु मुक्ति का अंतिम अवसान नहीं है
केवल मंदिर जाने से यह मिला नहीं करता
गुरुज्ञान बिन पाना इसको आसान नहीं है

बेकार बैठने से जीवन में डर आता है
कार्य निरन्तर करते रहना ही खुशियाँ लाता है
सात्विक मन और सात्विक भोजन आवे तभी सुकून
स्वस्थ शरीर रहने का परम मंत्र बतलाता है

चाहत के प्रति अपनी निष्ठा लाना होगा
श्रद्धा और विश्वास मन में खूब जमाना होगा
केवल इच्छाएँ रखने से ही काम न पूरे होते
मंजिल पाना है तो आगे कदम बढ़ाना होगा

ज्ञान नहीं है मालिक का तब कैसे जाना इसको
नहीं इशारा पाया अब तक कैसे पहिचाना इसको
जीवन पथ पर चलते चलते कितना भटके अबतक
ज्ञान बिना सद्‌गुरु के आसान नहीं है पाना इसको

शिक्षक और शिक्षकत्व

शिक्षक देश का भविष्य है, निर्माता है

धर्म अधर्म युद्ध में पाञ्चजन्य बजाता है

स्वाभिमान हेतु मर मिटना सिखाता है शिक्षक

अंधकार में आशा का सूरज उगाता है

शिक्षक हो शिक्षक की परिभाषा आती हो

शिक्षा मूल्य समय का सदुपयोग दर्शाती हो

सामर्थ्य तुम्हारा इतना हो पाषाण नरम कर दे

अवसर पर कोमलता पत्थर हो जाती हो

ज्ञान के गगन में गंतव्य को बताएँ

नैतिक मूल्यों की उपयोगिता जताएँ

अनुशासन कर्म को देता है सबलता

क्षमता का सदुपयोग कर आगे बढ़ाएँ

नई दिशा दें नई सोच से आगे बढ़ने दें
स्व विवेक से रुचिकर विषयों को पढ़ने दें
शिक्षा की गरिमा-महिमा का विस्तार करें
लक्ष्य हेतु निर्विघ्न शिखर पर चढ़ने दें

लोक मंगल की ललक हृदय में जगाना है
भारत के भाल से दीनता मिटाना है
अतुलनीय शक्ति का प्रणेता है शिक्षक
संकल्प चाणक्य सा, चन्द्रगुप्त बनाना है

ज्योति जली देखा अब हमने

जीवन पथ की राह नहीं थी
सोच में डूबे रहते थे
कुछ शब्द उकेरे जाते थे
शब्दों में बहते रहते थे

संकल्प नहीं था जीवन में कुछ
जीवन बेमानी लगता था
बोझ तले कुछ दबे दबे से
साँसो को सहते रहते थे

खुशियों का सौगात मिला है
राह दिखा दी इस तप ने
भाव भजन अर्चन पूजन
सत्कार्य कर्म ही सुन्दर सपने
व्यस्त रहे संकल्प किया जो
त्राण मिले जो मंत्र मिला है
तेरी अनुकम्पा से पथ पर
ज्योति जली देखा अब हमने

कुंभ: केवल मेला नहीं

कुंभ-कुंभ ये कुंभ कुंभ है

कुंभ कुंभ ये कुंभ

धन्य धन्य ये धन्य धन्य है

धन्य धन्य ये कुंभ

कुंभ की धरती कण कण शंकर

नागा साधु दिखते प्रलयंकर

दिव्य अखाड़े जाते दिखते

दृश्य है अद्भुत भीड़ भयंकर

कुंभ कुंभ ये..........

देश विदेश के मानस आते

ईश्वरेक्षा का संदेश दिखाते

श्रद्धालु जनों का मिलवर्तन है

शाही स्नान का महत्व बताते

कुंभ कुंभ ये..........

अद्त होती कुंभ भव्यता
वातायन की हो पवित्र रम्यता
मकर हो मौनी या बसंत पंचमी
अवर्णनीय दिखती सुंदरता
कुंभ कुंभ ये..........

जाति पंथ भेद छोड़कर आते
चेतन अमृतत्व से प्यास बुझाते
कुंभ प्रतीक है तन का माटी का
रसमय हो रस सागर में डूबे पाते
कुंभ कुंभ ये..........

भाषा बोली सब भिन्न भिन्न
छुआ छूत भी छिन्न छिन्न
दिकपाल खड़ा स्वागत में अनुकूल
जड़ चेतन सब हुए अभिन्न
कुंभ कुंभ ये..........

अमृत रस छलका है प्रयाग में
प्राणों का रस बसता है प्रयाग में
जल माता है जननी है जन की
माताओं का होता संगम प्रयाग में
कुंभ कुंभ ये..........

प्रयागराज

तीर्थराज प्रयाग धरा कण कण में दिव्यता

महर्षि भारद्वाज का वास यहाँ पर

अद्त महिमा प्रयाग राज की

गाथा गायी तुलसी ने सदियों पहले

संगम होता दिगदिगन्त के सन्त समाज की

 नहीं निहारी जाती कुंभनगर की भव्यता

 तीर्थराज प्रयाग धरा कण कण में दिव्यता

संगम होता जन मानस का इसके तीर

देवलोक से भी उतरी कितनी भीड़

भव्य दृश्य ये भारत का अद्भुत है

दूर देश के पक्षी छोड़ के आए नीड़

 दिव्य नजारा संस्कृतियों का देखी भव्य सभ्यता

 तीर्थराज प्रयाग.............

धर्मधरा पर दूर देश के कितने जन

भिन्न भिन्न संस्कृतियों के दर्शन करते

सुनी ऋचाएँ ऋषियों से संतजनों से

अहोभाग्य इतराते पूजा अर्चन करते

शब्द नहीं है वर्णन को देख नगर की भव्यता

तीर्थराज प्रयाग.............

संगम के कण कण में देशभरा है

अद्भुत झाँकी देती जन को गरिमा

सौभाग्य तुम्हारा तभी धरा पग इसी धरापर

विश्व पटल पर चमक उठी भारतकी महिमा

ऋषि पग रज लग तन में मन में उठे धन्यता

तीर्थराज प्रयाग धरा कण कण में दिव्यता

धूप

धूप भी प्रकृति का अनुपम वरदान है
रहती अनुकम्पा ईश्वरीय परिधान है
समस्त आत्माओं को मिला धूपदान है
ब्रह्माण्ड की जीवतंता का यही विज्ञान है

भास्कर को आदेश है कार्य निर्माण का
चराचर के समस्त जीवों के परित्राण का
प्रखर पुंज के प्रति समर्पण का ज्ञान था
धूप ही विश्व के आधार का संज्ञान था

अंजुरी भर जल अर्चन से वंदन करते हैं
मंत्रो से अभिमंत्रित कर अभिनन्दन करते हैं
अवसाद और तनाव की मुक्ति का है श्रोत
तन की हर व्याधि रुदन और क्रंदन हरते हैं

आसक्ति रहे धूप से स्वागत करते रहना
तन मन सब स्वस्थ रहे प्रेम में बहते रहना
प्रतिरोधक क्षमता रोग की सशक्त रहे धूप से
ईशचक्षु निहार निहार कविता करते रहना

समय के आगोश में

प्रारब्ध का आगमन

जीवन से पहले हो गया था

मनाओ-सम्बल दे जूझनें का

झंझावातो से

तुम्हारी नियति नहीं थी

विवशता भी नहीं थी

फिर क्यों उड़ेल दिया

कर दिया न्योछावर सब कुछ

चाहे अनचाहे

स्वयं की चाह ने

कितना गिराया है रसातल में

यही कोई थोड़ी बहुत

त्रुटि थी

विचारों की विभिन्नता ने

कर्म के स्वरुप को बदल दिया

तू धरा है- धन्य है

सहनशक्ति की पराकाष्ठा

बदल दिया है वातायन के स्वरुप को

निश्चल रुप

सहज और सरल प्रकृति

प्रकृति में कोई छल नहीं

समय के आगोश में सब कुछ है

सत्य था- यही एक विचार

साँसे देता है

सम्बल दे- जीना सिखाता है

परोपकार

असहाय दुःखी मानवता की
बीमार की सेवा सच्ची है
जो देह में देखे देव को
देह की पूजा सच्ची है
जो खाता नहीं, खिलाते उसको
वैभव अर्पित करते हो
व्यस्त रहे कल्याण में अपने
स्वार्थ की सेवा कच्ची है

सर्व समर्थ भगवान हमारा
अन्तस में आस पनपती है
हृदय पटल पर भावसत्य
करुणा की धारा बहती है
वाणी मीठी फूल झरे
उपकार का सागर लहराए
दुर्भाव न, किंचित दुखी करो
उलझन तभी सुलझती है।

करबद्ध निवेदन

सहमी सहमी आहें जन की,
ठिठक ठिठक कर जीना है।
विचलित सांसें व्याकुल है,
बस घूँट गरल का पीना है।।

हिंसक बन कर मृत्यु आज,
कर रही शिकार मानव का।
लोलुप जिव्हा करती बराबरी,
अतृप्त क्षुधा बनदानव का।।

चीत्कार उठा है समय आज,
मुर्दो में क्या बाँटेगें।
जब नहीं बचेगें परिजन
धन दौलत फिर चाटेंगे।।

पिछला बिछड़ा स्वप्न हुआ,
भावी में कुछ रंग नहीं है।
अब आवाज गले में फँसती है।
कथनी करनी से संग नहीं है।।

सर्वत्र सुलभ हो गए हैं मुर्दे
दिशाहीन व्याकुलता पलती।
मुर्दों का है खौफ भयानक,
डर की भीषण आग सुलगती।।

कितनी लहरें आनी बाकी,
विकराल काल में सागर में।
सम्पूर्ण विश्व प्रभावित हैं,
प्रभु, अमिय निकालो गागर में।।

जीवन की दास्तां

जीवन प्रेम की कविता है

बहती अविराम सरिता है

दुर्गम पथ अवरुद्ध हुए

फिर झलक चमक सविता है

    जाना है सागर के आगोश में

    होश में रहें या मदहोश में

    मिलना है सभी को एक दिन

    चाहे अनचाहे या जोश में

व्यवधान भी आएगें

संवरते भी जाएगें

कहीं कुछ खो जाएगा

वहीं कुछ पा जाएगें

    बादल अवसाद के आएगें

    क्षणों में वही छट जाएगें

    नयन भी झरेंगे कभी

    कभी खुशी की झलक पाएगें

कांटे बिछे पथ पाएगें
प्रसूनों से पथ बिछ जाएगें
लक्ष्य पाने को दौड़ोगे कभी
ठोकरें खाके गिर जाएगें
      बचपन से जरा का रास्ता
      जन्म से मृत्यु का यही वास्ता
      रहेगा कुछ समय का बसेरा
      हर घोसले का यही दास्ता

नदी तुम्हें तो बहना है

नदी तुम्हें तो बहना है

अनवरत् अनेकानेक झंझाबातो में

सतत लक्ष्य पर केन्द्रित रहना है

नदी तुम्हें तो बहना हैं

उत्कठां भविष्य में मिलन की

चाह लिए हृदय में सबकुछ सहना है

नदी तुम्हें तो बहना है

अवरोध कितने ही पथरीलें...... हों

ठूंठ से खड़े वृक्ष ज्वर से पीले हों

संभल संभल पग धरा चुप रहना है

नदी तुम्हें तो बहना है

चिन्तातुर हो लहर लहर

ठहर ठहर सागर हो केन्द्र बिंदु

व्याकुल हो प्रतीक्षारत, जोहता है सिंधु

बिंदु बिंदु बूंद बूंद लक्ष्य एक
भेद कितने हो कंटक अनेक
ऊंचे ऊंचे नीचे नीचे गहर गहर
एक क्षण ठहर चलते ही रहना है

नदी तुम्हें तो बहना है
मौसम बे मौसम शीत ताप सहना है
शान्तचित रहे रहे नहीं कुछ कहना है
नदी तुम्हें तो सतत बहना है।

बांकि सब कुछ फेल है

देखो कहीं है करतल बजती

खुशी खुशी डोली है सजती

छाती फटती हृदय विदीर्ण

छाया मातम अर्थी उठती

     एक तरफ जन्मदिन मनाता

     एक ओर बिछुड़ा है नाता

     बीच नदी के फंसा भवर में

     अद्त रचना रचे विधाता

विवस हुए सब तेरे आगे

जीवन की गोधूलि कितना भागें

निद्रा स्वप्न हुई जीवन में

चिर निद्रा में कैसे भागें

     नीति के आगे नियति बड़ी

     देखों सबको पड़ी हड़बडी

     रज से सबको प्यार अंत में

     प्यार बांटते मृत्यु खड़ी

जन्म मृत्यु के बीच की रेखा

यही है जीवन की अभिलेखा

सब है बीता कैसे लौटे

चक्षु बंद कुछ नही है देखा

   ये जीवन के सब खेल है

   कहीं जुड़े कहीं बेमेल हैं

   चलता केवल विधि विधान

   बाकी सब कुछ फेल है।

महिमामयी दिवाकर

हुआ प्रभात आशा का सूरज

अनन्त प्रेम प्रभात का सूरज

अंधकार का अन्त हुआ अब

दिव्य प्रकाश भर उगता सूरज

पूर्ण प्रकृति आनन्द है सूरज

कल-कल निनाद उद्घोष है सूरज

स्वर्णमयी किरणों की आभा

अन्तस विकास नीरज है सूरज

प्रभु का प्रेम प्रतीक है सूरज

परमानन्द प्रकाशित सूरज

शान्त अवस्था विचार दिव्यता

ध्यान योग प्रारम्भ है सूरज

अनवरत आनन्द प्रदाता सूरज

मानव भाग्य विधाता सूरज

सृष्टि विकास रचना की रसता

सौंदर्य विलक्षण अनुपम सूरज

तू ही कांटा, तू ही फूल

सब का पालन हार,

भगवन तू ही सिरजनहार।

तेरे फूलों से है प्यार।

तेरे कांटों से है प्यार।।

नहीं शिकायत दुख में तुमसे

सुख भी तू ही देता है

तू ही बाँधे जग का बंधन

तू ही मुक्ति देता है

कर्मो से जब हार मिले

फिर करता बेड़ा पार

तेरे फूलों से है प्यार

तेरे कांटो से है प्यार

नाब डूबती जब भी मेरी

तू ही पार लगाता है।

सो जाँऊ जब मोहपाश में

तू ही मुझे जगाता है।।

नही शिकायत अश्रुधार से

देता खुशियों का संसार

तेरे फूलों से है प्यार

तेरे कांटों से है प्यार

      तुमसे कोई नहीं शिकायत

      तू ही मेरा तारनहार।

      किसी दिशा में ले चल मुझ को

      तू ही हरता मेरा भार।।

जो करता अच्छा करता,

मैं हरदम तैयार

तेरे फूलों से है प्यार

तेरे कांटो से है प्यार

      बीच भंवर फंस जाऊगाँ

      तब मुझको करना पार

      तेरे फूलों से है प्यार

      तेरे कांटो से है प्यार

बन्द कहानी

चलता फिरता पानी हूँ।
कब हो बंद कहानी हूँ।

बाकी शेष कली का खिलना।
संदेह अभी भी कब हो मिलना।
बनू कुसुम फिर मुरझाने को,
यही झमेला होगा फिरना।।

चतुर नहीं अज्ञानी हूँ।
कब हो बंद कहानी हूँ।

शान्ति मिली जब बहा पसीना।
भ्रम है सब कुछ मरना जीना।।
शान्ति क्षीण हो जाती है जब,
घूँट गरल का पड़ता पीना।।

बन बन भटका ध्यानी हूँ।
कब हो बंद कहानी हूँ।।

मिली जवानी जियो ढंग से।

विलग रहो हरदम कुसंग से।।

नहीं रोओगे आए बुढ़ापा

बीते दिन परिवार संग से।।

बड़ बोला विज्ञानी हूँ

कब हो बंद कहानी हूँ

माँ तो माँ है

दुबली पतली कुतिया देखा

कातर नयनों से ताक रही थी

फिर लगी सूंघने इधर उधर

लगा कि कुछ तो मांग रही थी

बहुत जोर की भूख लगी है

अपनी पीड़ा बता रही थी

किया इशारा रुकने का जब

देख खुशियाँ जता रही थी

दो रोटी मसल दूध में

ज्यों ही जल्दी बाहर आया

मेरी तत्परता कुतिया को

बहुत बहुत मन में भागा

ज्यो ही रखा समक्ष कटोरा

शुरु किया था जैसे खाना

छोटे छोटे दो पिल्ले आए

भूल गयी वह खाना खाना

छोड़ कटोरा बैठ गयी वो
उसकी ममता जाग गयी थी
भूख भागी बच्चों के आगे
अपनी पीड़ा भी भाग गयी थी

दृश्य देख मैं लगा सोचने
छोटी हो गई मेरी दयालुता
बौना बना मैं उसके आगे
बड़ी हो गई कुतिया की ममता

स्मृति शेष

माँ जिनकी याद में पिताजी ने 'स्मृति शेष' की रचनाएं लिखी

बरसों का साथ तुम्हारा

बरसों का साथ तुम्हारा पल में छूटा।
एक काल का झोंका आया बंधन टूटा।।

बड़ी सहजता से नयनों को नीर बहाते देखा।
पदचाप बिना करुणा को दर से आते देखा।।
असहाय बना मन चंचलता से दूर हुआ,
अन्तस में अपने को लहू बहाते देखा।।

एक तपन के छूने से जीवन घट फूटा।
बरसों का साथ तुम्हारा पल में छूटा।

नष्ट हुआ अस्तित्व, प्रेम की परिभाषा।
उत्सर्ग हुआ कितना पर पाई गहन निराशा।।
होम किया सर्वस्व समर्पित भाव रहा था,
गहन कालिमा हठी नहीं बिखरी टूटी आशा।।

रीते रीते मन का कुंभ तभी था टूटा।
बरसों का साथ तुम्हारा पल में छूटा।।

कितने संदेश तुम्हारे बिन बूझे बने रहे।
कितने अक्षर अकथनीय कथनी से तने रहे।।
कुछ और प्रतीक्षा कर लेती पत झरने की,
सोच नहीं पायी क्यों, बाहों में बने रहे।।

नहीं रहा बस में कुछ निर्दयी काल ने लूटा।
बरसों का साथ तुम्हारा पल में छूटा।।

कर रहा प्रतीक्षा आओगी

प्रेषित कितने संदेश किए

स्मृति में अब तक रहे जिए

तकता रहा शून्य में अब तक

गन्तव्य बना अंजान प्रिये

कब तक मुझे सताओगी

कर रहा प्रतीक्षा-आओगी

प्राणों ने कितना राग अलापा

कितना सहा विरह परितापा

आर्द्र नयन न सूखे अब तक

खोया नहीं है अबतक आपा

आकर हाल बताओगी

कर रहा प्रतीक्षा-आओगी

हृदय विषाद मिट जाता मेरी

दर्शन दे देती चलती बेरा

भर नयन निहारा नहीं मुझे

दारुण दुख यह रहा घनेरा

क्या आकर लोरी गाओगी

कर रहा प्रतीक्षा आओगी

तिमिर सघन में डूबी छाया

क्या छूटा न अब तक पाया

आदि अन्त का मिलन हो गया

छूट गयी यह नश्वर काया

क्या सूक्ष्म रुप दर्शाओगी

कर रहा प्रतीक्षा आओगी

कुछ बातें बाकी हैं

हमने कितनी सौगातें बाँटी अब तक

साँझ हुई अब रातें बाकी हैं

पास रहे मन अब तक

दूरी नहीं नापते तन तक

जब से घुटने बल चलना सीखा

बात हो रही तब से मन तक

साँसे हैं अंतिम पर बातें बाकी है

बाँते करते रहते इतनी

किस्से गढ़े कहानी कितनी

बिखरे पन्ने स्मृतियों के

भू से नभ तक दूरी जितनी

जीवन जिया अकेले अब तक

कुछ और रुकें कुछ बातें बाकी हैं

मेरी अन्तिम नींद पर

मेरी अन्तिम नींद पर मनुहार कर देना-उठो न।
जो जिया है अब तक स्वीकार कर लेना रुठो न।

मौन रहे निःशब्द रहे वर्षों

दूर रहे पर सुन ली धड़कन

शब्दों में कुछ अपना अपना सा

विलग रहे पर न खोया अपनापन

चाहत इतना विस्तृत कर समझ लेना-सुनो न।
मेरी अंतिम नींद पर मनुहार कर देना-उठो न।

रुँधे गले से शब्द निकलतें खण्डित

मुक्त नहीं हो पायी अपनी सीमा

अनुराग नहीं देखा अबतक अपनों का

आयाम रचे हैं कितने, कितनी फैली महिमा

दो प्रसून मुस्कानों के भी अर्पित कर देना भूलो न।

मेरी अंतिम नींद पर मनुहार कर देना-उठो न।

सम्मान परस्पर न बिखरा

मुस्कान नहीं जा पाती है

यह हर विभेद को नष्ट करे

ताकत असीम पा जाती है

आशाओं की गरिमा को नहीं उपेक्षित कर देना सुनो न।

मेरी अंतिम नींद पर मुनहार कर देना उठो न।

मृत्यु तुम्हारा स्वागत है।

मृत्यु तुम्हारा स्वागत है,
दस्तक देकर आओ तो।
वरण करूँगा हर्षित होकर
लोरी मुझे सुनाओ तो।।

चिर प्रतीक्षित रही हो मन में,
कभी उपेक्षित न कर पाया।
कितनी सौगाते हो गयी तिरोहित,
पर तुमको नहीं विलग कर पाया।

कितने जनम मिले अनचाहे,
पर चाह मिलन की बनी रही।
यह रिस्ता रहा जनम जनम का,
बस डोर प्रीति की बँधी रही।।

रुठी रहीं कहाँ थी अब तक,
आकर व्यथा सुनाओं तो।
मृत्यु तुम्हारा स्वागत है,
दस्तक देकर आओ तो।

प्रीति तेरी अशरीर बनाती,
और विलय हो जाता तुझमे।
सब अभेद हो गया मिलन में,
शेष नहीं अस्तित्व है मुझ में।।

हर युग में साथ रहा तेरे,
आधार नहीं बन पाया तब भी।
विलग व्यथा की टीस उभरती,
स्मृति होती मन में जब भी।।

हम आतुर है अर्पण को,
तुम आगे हाथ बढ़ाओ तो।
मृत्यु तुम्हारा स्वागत है।
दस्तक देकर आओ तो।।

कितनी स्मृतियाँ इस जीवन में

कितनी स्मृतियाँ इस जीवन में मुझे सहेज कर रखना है
चिन्ह बने जो पथ पर तेरे फूँक फूँक पग धरना है

इस जग में पीड़ाओं की गाथा अब तक सुनता था
जन्म मृत्यु का होना अब तक बहुत सहज में बुनता था
घटनाओं के क्रम को अब तक इतना नहीं उकेरा था
पीड़ा थी जो धूल हृदय पर आँसू से मैं धुलता था

अवसाद सोच की न कम हो मन को यही परखना है
कितनी स्मृतियाँ इस जीवन में मुझे सहेज कर रखना है

सब कुछ अनन्त में एक दिन होता है खोने का
खो गया अँधेरे में मेरा एक बीज प्रेम के बोने का
अरे अमरता के दिव्य स्वप्न में कुछ देर बिताया होता
बस एक इशारा मुझ को होता आभास अंत तक होने का

इंगित कर देना कठिन राह पर कैसे मुझे संभलना है
कितनी स्मृतियाँ इस जीवन में मुझे सहेज कर रखना है

इतनी जल्दी क्या थी तुमको प्रस्थान जहाँ से करने की

सब पल ऐसे बिखर गए जैसे तरु से पत्ते झरने की

सूख गया जल तन से तब अन्त समय मुख मोड़ लिया

मुझको लगता मेरी त्रुटि थी सेवाभाव संवरने की

सहचर की क्षति इस जीवन में कभी नहीं अब भरना है

कितनी स्मृतियाँ इस जीवन में मुझे सहेज कर रखना है

दुख की अगणित घटनाओं को कितना संबल दे डाला था

अमिय मान दे डाला मुझको पर पी डाला जितना हाला था

कितनी नासमझी मेरी व्यवधान बनी मुस्काने पर

लपलप करती ज्योति बुझी जिसे बड़े प्यार से पाला था

कौन बताएगा अब मुझको कब कब क्या क्या करना है

कितनी स्मृतियों को इस जीवन में, मुझे सहेजकर रखना है।

वेदना मेरी है

वेदना मेरी है, अपनी है किससे कहे

उड़ जाते हैं पंक्षी

नीड़ तोड़ दिए जाते है

बसेरे को तड़पते है

बस मौन जिए जाते हैं

मंझधार में फँसे हैं

अब बहें कि तब बहें

वेदना मेरी है अपनी है किससे कहे

दर्द मेरा है रो ले

या हँसकर गुजारे इसे

प्यार इसको है मुझसे

रुठकर न विसारे इसे

ये मुझमें मैं इसमे 'बसूँ',

बस इसी में बहें

वेदना मेरी है अपनी है किससे कहें

दर्द जले तो जलता रहूँ

उजाले की कीमत जलने से है

आँसू बहें तो बहते रहे

पानी की कीमत प्यासे से है

दर्द की टीस मेरी है

खुद ही सहें किससे कहें

वेदना मेरी है अपनी है किससे कहे

मिलन नहीं अब सम्भव

मिलन नहीं है संभव अब पर स्मृति में रहना है।
इस जीवन में नहीं भूलना विरह वेदना सहना है।।

तेरी सांसो की खुशबू से पहचान बना लेते थे।
एक इशारे से अपनी सब व्यथा जता देते थे।।
हँसते नयनों से जैसे देखा अपलक तुमने,
प्रबल कामना जीने की विश्वास जगा देते थे।।

नहीं भूलना मन से तुम को बस इतना कहना है।
मिलन नहीं है संभव अब पर स्मृति में रहना है।।

हमदर्द बनी, हम सफर रही कितना साथ निभाया था।
नहीं छोड़ना हाथ डगर में कितना समझाया था।।
किन ख्यालों में डूब गयी थी भूल गयी थी सारी बातें
झटक हाथ तुम चली गई खड़ा अकेला पाया था।।

कब छूटेगा जीर्ण वसन जो मन पर मैने पहना है।
मिलन नहीं है संभव अब पर स्मृति में रहना है।।

भग्न हृदय कैसा होता अब मुझको आभास हुआ।
रीता रीता संसार आज मन मेरा आकाश हुआ।।
शक्तिपुंज का अंश समझ व्यवधानों से कितना लड़ता,
ज्ञान सभी रह गए धरे पल में कितना उपहास हुआ।।

अन्तहीन इस पीड़ा को जीवन भर अब सहना है।
मिलन न ही है संभव अब पर स्मृति में रहना है।।

दूर नहीं एहसास पास का अब भी हमको होता है
कष्ट सहा था तुमने कितना मन अबभी मेरा रोता है।।
विधि विधान के आगे कितना हम मजबूर रहे,
अपने कर्मों के कारण मानव पथ में काटें बोता है।।

समय लौट कर आया कब भर भर आंसू बहना है।
मिलन नहीं है संभव अब पर स्मृति में रहना है।।

विलगता का आभास

उजड़ गया है नीड़ आज दूर देश में हुआ ठिकाना।
जग में आने वालों का लगा रहेगा आना जाना।।

कलरव तेरा बंद हुआ चुप बैठी शाखों पर
प्रथम किरण फैला प्रकाश खुश होता तेरी बातों पर
सूरज के जाने तक कुछ देर प्रतीक्षा कर लेती
करवट करवट निशा दूर हुई स्मृति की सौगातों पर

रहा नहीं विश्वास तुम्हें नव पल्लव का फिर से आना
उजड़ गया है नीड़ आज दूर देश में हुआ ठिकाना

सभी बिताए सुखमय क्षण पुनः आंएगें नहीं कभी
अनुसुलझी बातों की यादें देती कितना टीस तभी
अश्रु बहाकर अन्तस को कुछ हल्का कर लेता हूँ
व्याकुलता के सघन कष्ट से मिल जाता संतोष जभी

नहीं पता गंतव्य तुम्हारा कैसे होगा मेरा आना
उजड़ गया है नीड़ आज दूर देश में हुआ ठिकाना

जब तक रहीं साथ न छोड़ा आज विलगता का आभास

बिना बताए चली गई अब कैसे करुं तलाश

यह चुप्पी वातायन की कितनी अखर रही है

काली काली स्याह रात्रि में ढूँढ रहा हूँ दिव्य प्रकाश

इस जीवन में साथ तुम्हारा नहीं है संभव पाना

उजड़ गया है नीड़ आज दूर देश में हुआ ठिकाना

बंधन से परे अतीत

जीवन और मृत्यु का आभास

इस शरीर को हुआ अनेको बार

कैसे हो इस सत्यता की पुष्टि

शेष बचा जीवन

करु किसका आभार

रहती यदि मृत्यु शेष

सब कुछ होता अव्यक्त

शरीर ही कारण है

सब कुछ है दृश्यमान

मान अपमान अभिमान

जीवन के ही हैं सभी सोपान

न विगत न वर्तमान न होता भविष्य

चिर काल गहरी निद्रा में होते निमग्न

न जिज्ञासा न उत्सुकता न चिन्ता

न होता कहीं कुछ भग्न

निःशब्द वातायत नीरवता

कितना होता व्यतीत

मात्र कल्पनाएँ

बंधन से परे है अतीत।

सब कुछ कह डाला

बड़ी सरलता से तुमने,
सब कुछ मुझसे कह डाला।
अमृत मुझको देकर तुमने
सारी हाला पी डाला।।

जीवन के कटंक पथ पर,
चुभते कांटे अलग किए थे।
मेरे मन की गहराई में जा,
विपदा मेरी थाम लिए थे।।

हृदय पटल पर छाप बनी,
सहज नहीं है खोना तुमको।
जीवन की गोधूलि भाया,
चिर निद्र में सोना तुमको।।

बड़ी सहज हो गयी तभी,
देकर मुझको स्मृति माला।
बड़ी सरलता से तुमने,
सब कुछ मुझसे कह डाला।।

तुम बिन जीना दुष्कर होगा,

धोखा न खा जाऊँ कभी।

प्रस्थान श्रेयस्कर होगा अब,

विलग किया सब त्याग तभी।।

अब है जैसा इस वातायन में,

क्या तुम जी सकती थी।

परम सत्य को जान प्रिये तुम,

वर्तमान विष पी सकती थी।।

निष्ठर बन कर तोड़ दिया,

जो तुमने डाली जय माला।

बड़ी सरलता से तुमने,

सब कुछ मुझसे कह डाला।।

कैसे सहती पीर प्रिये ?

तुम कैसे सहती पीर प्रिये,
मैं जब चाहा रो लेता हूँ।

कैसे सहती धीरज रखती।
जब पास नहीं तुम पाती।।
खोने का दुख कैसे सहती।
कैसे किससे साथ निभाती।।

सूने पन का क्रन्दन जाना,
नहीं पता कब सो लेता हूँ।
तुम कैसे सहती पीर प्रिये,
मैं जब चाहा रो लेता हूँ।।

निःशब्द पीर की व्यथा मुझे,
जब तब थपकी दे जाती है।
कैसे कटती दिन औ राते,
स्मृतियाँ आती जाती हैं।।

और विलगता की पीड़ा में,
लगता सब कुछ खो देता हूँ।
तुम कैसे सहती पीर प्रिये,
मैं जब चाहा रो लेता हूँ।।

मेरी सांसें आती जाती,
तुम सांसो को पकड़ न पाती।
पीड़ा मेरी गीत बनी है,
पीड़ा तुमको कहाँ सुहाती।।

होता जीना कठिन तुम्हारा,
मैं जीवन जी लेता हूँ।
तुम कैसे सहती प्रीर प्रिये
मैं जब चाहा रो लेता हूँ।

अनुराग से वैराग्य तक

जितना तुमने चाहा, उतना प्यार नहीं दे पाया तुमको।

बसन तुम्हारा भीग रहा था न दे पाया छाया तुमको।।

कितनी आशाएँ पाली थी अन्तस में, कितनी रहीं अधूरी,

गृह निर्माण किया था तुमने, पर रहना नहीं सुहाया तुमको।।

वही दिवालें छतें वही है, जो जहाँ रखा था वही धरा है।

नहीं दिशाएँ बदली, सभी यथावत सब कुछ पड़ा भरा है।।

और धरा का सुख वैभव, नहीं सुहाया, क्या कम था,

मोह लोभ का त्याग जहाँ से, यहाँ भरी है मृत्यु, जरा है।।

ये कांटे अपने ही है, मैं गुलाब को देख रहा हूँ।

कभी तीर सी चुमती गंध, सुंगध अग्नि से सेंक रहा हूँ।।

मुझ वेदना का आलिंगन, बहुत सुहाता, किसे पता है,

अन्तस में चमक अनल की व्यर्थ चाँदनी फेंक रहा हूँ।।

नहीं पता है बाकी मंजिल, कितना मुझ को चलना है।

छा गया दिवस पर अंधकार, सूरज को कब ढलना है।।

तन मन धन तेरा, तुझको सब कुछ किया समर्पण,

हर पल करते रहना कुछ भी पर निरंकार को जपना है।।

अवसाद है कैसा मन में छाया

क्यों अम्बर में बदली छाई ?

क्यों पुष्पों में यौवन सरसाया ?

पोर पोर फिर कसक रहा, जीवन में कितनी अदृत माया।।

स्मृति की रेखा धूमिल सी,

संध्या में होगी अवलोकन।

क्या मोहक निशि की निद्रा में,

तुम भूल उठोगे पुर जीवन।।

पावक लपट मिली मन से हो गई विक्षिप्त सी काया।

मेरी अगणित आशाओं ने,

व्यवधानों की मदिरा पीली।

ज्यों सरिता रीती नीर बिना,

बन कर लज्जा से ही गीली।।

पय पयोधि में आलिंगन रत, क्यों इतना बौराया ?

जीवन देकर किया था उपकृत,

प्रतिपल प्रतिक्षण लहू बहा।

बंधन जग के बंधे रहे,

तन माता तेरा ऋणी रहा।।

लिपट रहे तन वृक्षों के, अवसाद है कैसा मन में छाया ?

जीवन की आह

एक शतक का जीवन मेरा,
पर नहीं चाहता जीना।
उद्देश्यहीन कलुषित जीवन,
अब कितना है विष पीना।।

शब्दों ने मन बांधा है,
अपनों ने सपना तोड़ा।
अवलम्ब गिरी नहीं सहारा,
साथी ने अब साथ है छोड़ा।।

टूट चुके सब बंधन जग के,
उस पार देखता आज बसेरा।
है लाचारी आस सांस की,
कब होगा नव दिवस सवेरा।।

प्रयास विफल कायरता है,
विधि के सर पर दोष है मढ़ते।
प्रवृत्ति सहजता है जीते की,
राग द्वेष से नहीं निकलते।।

लगता शेष रहा कुछ ऋण
चाकर बनकर रहना होगा।
जितनी बाकी गिनती सांसो की,
जग सागर में बहना होगा।।

मौन व्यथा

अंतिम क्षण के साथी हो

हम गहा हाथ न छोड़ेगे

महा प्रलय में फंसी नाव

हम सही दिशा में मोड़ेगें

सब बातों का सार एक है

मन की मन से तार जोड़ लो

भाषा से ऊपर उठ जाओं

निःशब्द भाव के सार निचोड़लो

अन्तस में कांटे बोए थे

जब आए थे कितना रोए थे

तुम वादे सारे भूल गए

क्यों अपने पन में खोए थे

मौन में कितनी गहराई है
शब्दों से क्या जान सकोगे
चक्षु खोल तुम रहे बांचते
विराट भावना बाँघ सकोगे

जीवन कर्म का साधन है
शेष प्रभु का आराधन है
रसना रस में आकठं डूब
सोचा ये सत्य प्रसाधन है।

तब बन जाती है कविता

शून्य में शब्द विचरते रहे

भाव के पुष्प खिलते रहे

गूंथकर शब्दों की रचना हुई

तब बन जाती है कविता।

किससे कहें कहाँ तक कहें

पात्रता की अनुपलब्धता सहें

अक्षर अक्षर बनती शब्दमाला

तब बन जाती है कविता।

दुःख सुख के झंझावातों में

अन्तस में चुभते सौगातों में

अहा और आह के निकलते स्वर

तब बन जाती है कविता।

सांझ स्याह सी सताती है

सांस सहमी सी सकुचाती है

निपट नीरवता से निकलते शब्द

तब बन जाती है कविता।

अपनत्व का मिलन हो

अनेकानेक विछुड़न हो

अश्रुक्षरण टप टप या बहे झरना सी

तब बन जाती है कविता।

संतोष की पराकाष्ठा होती हो

धैर्यता से वेदना सहती हो

अक्षर चीख चीख बिंघ जाते हो

तब बन जाती है कविता।

देश जूझता हो संकट से

खिलवाड़ हो रहा हो मातृमुकुट से

शब्द श्रवण कर बनते महाकाल

तब बन जाती है कविता।

जब शब्दों से साहस भाता हो

मन स्वाभिमान पर मरता हो

अंतिम सास न्योछावर हो जाए

तब बन जाती है कविता

प्रेयसि तन मन झंकृत हो

अक्षर अक्षर संस्कृत हो

प्रेम विक्हल हो गरल सुधा सम

तब बन जाती है कविता।

नारी के वात्सल्य उपज से

जननी के नख शिखर जिसे

पावन धारा छू कृतार्थ हो

तब बन जाती है कविता

समय बने सहचर मन से

भूख प्यास बिछुड़े तन से

सुध खोए शून्य ध्यान में

तब बन जाती है कविता।

वाण सरीखे शब्द धंसे।

शब्द हृदय के बीच फंसे

मजबूरी बन जाए सांसों की

तब बन जाती है कविता

देश प्रेम जब आहत हो

स्वयं न्योछावर की चाहत हो

अपने भी जब होंठ भींच ले

तब बन जाती है कविता

अन्तस में ज्वाला सुलग उठे

सागर में पावक धधक उठे

अंग फड़कते हो जन जन के

तब बन जाती है कविता

जीवन व्यर्थ हो गया है

निरुद्देश्य -दिशाहीन

यूँ ही जिए जा रहा हूँ

अकारण ही

मुझे नहीं लगता

कुछ शेष है

शब्द नहीं, अकर्म में जीने का साहस

निष्फल प्राप्ति हेतु

शून्य और शान्ति

एक दूजे के पर्याय

कोई ध्वनि, तरंगे

तीज त्योहार-ज्योनार

कर्त्तव्यों का भार

अधिकार

मधुर वातायन

एक चीख-चीत्कार

कुछ भी उद्वेलित नहीं करते

खुले चक्षु से

नहीं होता कुछ भी दृष्टि गोचर

पलकें बन्द हो या खुली
सब कुछ होता अगोचर
जीवन भार हो गया है
अनगिनत क्षण गुजर जाते हैं
अर्थहीन
जैसे अनर्थ हो गया है
जीवन व्यर्थ हो गया है

जब मन करता रो लेता हूँ

जब मन करता रो लेता हूँ
जगा जगा मैं सो लेता हूँ

इति हुई प्रतीक्षा की घड़ियों की
अगणित बंधन टूट गए हैं
साँझ सबेरे रात्रि दिवस भर
क्या खोजूँ सब छूट गए हैं

व्याकुल होता मन जब जब
बस अपने में खो लेता हूँ

नहीं चाहता बंधन कोई
जब चाहूँ बस झर जाऊँ
अंतिम बेला की सुविधावों में
हँसते हँसते मर जाऊँ

और कसक जब बहे हृदय में
नयनों से मैं धो लेता हूँ

मैं याद करता हूँ

जब मुझे अतीत परेशान करता है

मैं याद करता हूँ

स्मृतियाँ कुरेदती हैं जब जब

मैं याद करता हूँ

जीवन में झरोखे में झाँकता हूँ जब जब

मैं बहुत याद करता हूँ

पग जब जब डगर पर डगमगाते हैं

अंधियारे के आगोश में डूब जाता हूँ

निकट से नहीं जान पाया था

तुम्हारी वास्तविकता को

अब चिर प्रतीक्षित हो गयी हो

इसीलिए तुम्हारी अगणित यादें

खिले प्रसून सा दिखते हैं

और मैं बहुत याद करता हूँ

लाचार जिंदगी और बेबसी तंग करे

पल भर को चैन न मिले

यादें बेताब हो जाएँ

मैं बहुत याद करता हूँ
खोया खोया सा सब कुछ लगे
प्यार का उभरता साया
अचानक तिरोहित हो जाए
मैं बहुत याद करता हूँ

मैं हकदार सजा का

क्यों सजा इकट्ठी दे डाली
हुई इतनी गहरी गलती मुझसे
गृह चलने का मनुहार किया
लगता विलम्ब हुआ मुझसे

इसीलिए बिन पूछे चल दी
मुझसे माँगी नहीं विदाई
कभी नहीं निकली बिन मेरे
फिर कैसे किया जुदाई

लेना देना क्या खर्च किया
कुछ तो हिसाब माँगा होता
कोई बहाना ढूँढा होता
कर लेती कुछ देर लड़ाई

कर पकड़ घसीटा नहीं मुझे
पथ का पता पता था पहले
मन चिंता में डूब गया कितना
अब दारुण दुख को कैसे सहलें

व्यथित हृदय

प्रेम योग की इति श्री देखो अब वियोग का क्रन्दन होगा
अनवरत प्रतीक्षा का प्रिय हृदयस्थल में स्पंदन होगा
हम युगान्त तक करे कल्पना आशा तुमसे मिलने की
जान रहा हूँ व्यर्थ प्रयास है व्यर्थ ढूँढना मधुबन होगा

समझ रहा हूँ मिली निराशा नहीं सधेगा योग
आँखे विहल वर्षा करती खत्म हुआ अब मिलन सुयोग
फिर मिलने की व्यर्थ कल्पना पर कैसे साधूँ मन को
उस पार नहीं विश्वास मिलन का अब कैसे सधे वियोग

तुम प्रसून बिन कटंक की स्वयं क्लेश सह डाला था
सत्य प्रेम की छाया रखती भ्रम तो मैंने पाला था
ऋतु रही ग्रीष्म की, चटक धूप थी मुख भी म्लान हुआ था
छाया किंचित दे न सका पड़ गया व्यथा का जाला था

तुम अनन्त की गोदी में जा चिर निद्रा में हो गयी निमग्न

दिग्भ्रमित हुआ सब ज्ञान मेरा हो गया तुम्हारा ध्यान मगन

नहीं चाह जगबंधन की अब लक्ष्य हुए सब दूर

तरस रहा वाणी को तेरी व्यथित हृदय हो गया भगन

तुम बिन मौसम पतझर जैसे

चक्षु नीर से भरे भरे,

अपलक देखा खड़े खड़े

स्पष्ट चित्र न देख सकूँ,

विकल वेदना भरे भरे।।

चित्र छपा है हृदय पटल पर,

दूर करूँ मैं किंचित कैसे।

सब वस्तु तुम्हारी बेमानी है

तुम बिन मौसम पतझर जैसे।।

नीरस कवि हूँ

मैं कैसा नरस कवि हूँ

फागुन का उल्लास नहीं

गहे बाँह फिर खूब झिझोड़े

फिर भी कुछ एहसास नहीं

मान नहीं अपमान नहीं

झरनी हो या निर्झरनी हो

साँस नहीं निःस्वांस भी साथी

करनी हो या निश्करनी हो

शब्दों के जंगल में घूमे

निःशब्द जाल में फंसकर झूमे

क्षर के बने चितेरे अब तक

अक्षर बन अक्षर को चूमे

भटक गया हूँ राहों पर
राह नहीं अब दिखती है
चेतनता कुछ है बाकी है
उम्मीद अभी कुछ टिकरी है

क्या पाया क्या खोया है
कितना क्या अपनाया है
इसी बात को लेकर मैने
अब तक सांस चलाया है

व्याकुल है जरा

अविरल बहती चिंता मन की

कितनी सुधियाँ बीत गई

अनुराग नहीं संगीत रहा

सुख से विवाद रण जीत गई

मन मृत्यु पास से विलोक रहा

दे दान अभय, कर रहा कृतार्थ

सिहरन तन से बिखर गई

परिचित कर जीवन का यथार्थ

शांत मौन शब्द तिरोहित

देता सुकून वातायन अब

अगणित क्षण पल में बीते

नहीं रही तन की सुघ तब

कर्म धर्म का लेखा जोखा
मन कुसुम पराग बना भी झरा
धूमिल क्षितिज व्यंग है करती
चक्षु के अश्रु से व्याकुल है जरा

अवसाद

सागर में गागर पड़ी है रीती,

न कोई हरकत शिथिल हैं अंग।

रंग सभी बदरंग हुए,

भंग की रंग में नहीं तरंग।।

नीर के तीर रहे पर प्यासे,

फूल के शूल से हुए अदृश्य,

तार सितार के हुए सब ढीले

न कोई साथी न कोई संग।।

गीत मिलन के भूल गए,

स्मृतियाँ सारी क्षीण हुई।

आसव पिया बना हलाहल,

देह दशा सब विदीर्ण हुई।।

अर्थचक्र के व्यूह में फंसकर,

व्यर्थ हुए सब अर्थ,

स्वर्ग नरक सब व्यर्थ हुए,

कर्म की गठरी क्षीण हुई।।

हुआ मोतियाबिंद चक्षु में
कैसे तुम्हें निहारें।
चितवन की बौछार तुम्हारी
अब छूती नहीं किनारे।।
अनुबंध तुम्हारे धूल धूसरित,
स्मृति ढूंढे गली गली,
तपती धरती पड़ती बौछारें,
बनी वाष्प सब उड़ी बहारें।।

हताशा

मृत्यु की इच्छा

किन्तु वरण नहीं कर सकता

न चाहते कितनी बार मरा हूँ

जिया हूँ

अकारण क्रोध

लेकिन वास्तविकता से परे

इसका जनक है

अनिगिनत भावनाएँ

कुंठित इच्छाएँ

सब मिलकर

एक अनचाहा विचार उत्पन्न करते हैं

भावनाएँ

इच्छाएँ

विचार

और न जाने क्या क्या

सब एक दूसरे से समा जाते हैं

शेष कुछ नहीं बचता

रीता घट
सूखा प्यासा खाली खाली
बहुत मन से
ध्यान से
फिर तलाशता हूँ
तो पाता हूँ
कुछ बूँदे अश्रु की

संछिप्त परिचय

जन्म   :   10 मई 1945, कानपुर नगर

पितृ नाम :   स्व. श्री बाबू लाल गुप्त

मातृ नाम :   स्व. श्रीमती प्रेमा देवी गुप्ता

शिक्षा   :   एम०ए० (हिन्दी साहित्य)

एल-एल.बी.

सेवा क्षेत्र :   भारतीय वायु सेना (1965-1985)

भारतीय रिजर्व बैंक (1986-2006)

सामाजिक सेवा क्षेत्र :

तरूणाई" (नगर की सामाजिक, साहित्यिक एवं सांस्कृतिक संस्था, कानपुर) में सक्रिय रहकर लगभग 30 वर्ष 1996 तक कार्य किया। एवं "फुलवारी' संस्था (बच्चों के सर्वांगीण विकास हेतु 2010 से 2012 तक

अभिरुचि :   स्वतन्त्र लेखन (कहानी, कवितायें) आध्यात्मिक विचारधारा, हिन्दी प्रचार प्रसार समिति (भारतीय वायुसेना राष्ट्रभाषा के प्रति लगाव)

सन 2017 में प्रथम काव्य संग्रह 'मन के मनके ' का प्रकाशन।

प्रचलित एवं स्तरीय हिंदी पत्रिकाओं में लेख और

कविताएं   प्रकाशित होती रही है।

सम्पर्क   :   एल.आई.जी. 403 ई-ब्लाक, श्याम नगर, कानपुर-208013

संवाद   :   09415043659